Berndt Schulz

Heinz Rühmann

„Zeit meines Lebens habe ich auf die Idee gehofft, auf die Philosophie, die einer Clownsfigur erst den geistigen Hintergrund gibt."

Bildquellen:

Bildarchiv P.W. Engelmeier: S. 93
dpa: S. 91
Deutsches Institut für Filmkunde: alle restlichen Abbildungen

Originalausgabe

Textbearbeitung: Dr. Petra Gallmeister
Umschlagentwurf und -gestaltung: Bernd Jünger, Düsseldorf
Umschlagfoto: Deutsches Institut für Filmkunde
Innenlayout: Bernd Jünger, Düsseldorf
Druck und Bindung: VPM, Rastatt
Printed in Germany 1994
ISBN 3-8118-3924-1

„Man hat mich oft gefragt, warum ich so gerne Figuren am Rande der Gesellschaftsordnung darstelle, vielleicht deshalb, weil ich in ihnen die Erfahrung meines Lebens ausdrücken kann, gerade auch die Niederlagen und Nackenschläge."

INHALT

Die letzte Rolle

„Ich beginne als Großvater und werde von Akt zu Akt jünger. Gott sei Dank hat das Stück nur drei Akte".

Das Licht der Projektoren ist erloschen, der Vorhang gefallen, die letzte Rolle gespielt. Am 3. Oktober 1994 starb Heinz Rühmann in seinem Haus am Starnberger See.
Privat gesehen, war Rühmanns letzte Rolle die eines still zurückgezogenen, alten Mannes, der alles erlebt hat und nur noch seiner Frau Hertha zuhören will. Auf der Leinwand spielte er seine letzte Rolle in Wim Wenders Film *In weiter Ferne, so nah* (1993). Zum letzten Mal erlebte ihn hier sein Publikum so, wie es ihn über ein halbes Jahrhundert lang in fast hundert Filmen geliebt hatte – als antiheroischen Schalk, der trotz der großen Tiere doch als letzter lacht.
Heinz Rühmann, der notorische kleine Mann des deutschen Kinos, fiel in seinen Film- und Theaterrollen oft auf die Schnauze, rappelte sich aber immer wieder auf. Das traf auch auf sein bewegtes Privatleben mit seinen Höhen und Tiefen zu. Die persönlich erfahrenen Pannen und Pleiten baute er in seine Leinwandfiguren ein, er stellte sich ihnen, und so wuchs der unscheinbare, gehemmte Mann mit dem Mutterwitz und der neugierig-spitzen Nase und wurde immer größer. Kleiner zu kriegen war er jedenfalls nicht mehr, seit er 1930 in dem ersten deutschen Filmmusical *Die Drei von der Tankstelle* schüchtern, aber redselig und schlagfertig, wie er auftrat, mit seinem trockenen, beschwichtigenden Humor amüsierte.
Seine lausbübische Schnodderigkeit, mit sanftem, nasalen Organ oft gegen den normalen Tonfall gesprochen, hatte zwei Seiten. Er konnte sie als spitze Waffe gegen die Goliathe einsetzen, sie konnte sich aber auch gegen ihn selbst richten und die von ihm gespielten Helden tragikomisch oder auch tragisch erscheinen lassen. Aber noch unter Tränen lächelte er augenzwinkernd, womit er auch die Sieger rührte und auf seine Seite zog.
Sein Publikum hat Heinz Rühmann mehr als sechzig Jahre lang gerührt, ob als *Stolz der 3. Kompagnie* (1932), *Mustergatte* (1937), *Quax, der Bruchpilot* (1941) oder als Schuster Voigt in *Der Hauptmann von Köpenick* (1956) und als *Der brave Soldat Schwejk* (1960). So viele Rollen, so viele große Gestalten in Licht und Schatten.
Obwohl der strikt Unpolitische ins Zwielicht des „Dritten Reichs" geriet, Peinlichkeiten nicht ganz vermied und nach dem Krieg vorübergehend als belastet galt, bevor ihn die alliierten Behörden vollständig rehabilitierten, war Rühmann immer ein schlichter, redlicher Mann, in seiner verschmitzten, auch cleveren Kleinbürgerlichkeit einer von uns. *Briefträger Müller* und *Der Mann, der nicht nein sagen konnte*, wie zwei seiner Filme hießen, aber auch ohne Angst vor großen Tieren. Immer pfiffig, beflissen, gütig und heiter. Oft genug auch umwerfend komisch.
Und ein Schauspieler, dem man blind vertrauen konnte. Er begleitete sein treues Publikum so lange durchs Leben, daß er durch seine Filme und in unserer Erinnerung unsterblich geworden ist. Auf den folgenden Seiten sollen einige seiner schönsten, wichtigsten und typischsten Rollenfiguren noch einmal lebendig werden.

Die großen Roller

des kleinen Mannes

Der heiter Redliche

In seinen Paraderollen besaß Heinz Rühmann Tugenden, die Revolutionen, Kriege und Katastrophen überdauern: Ehrlichkeit, Heiterkeit, Redlichkeit und Güte. Seine damit ausgestatteten Rollenfiguren eroberten die deutsche Leinwand.

Diese Figuren mit Hosenträgern, Gemüt und Schnauze sind ideale Familienväter, Ehemänner, Skatbrüder, Angestellte, Freunde. Sie lachen mit den Lachenden, weinen mit den Weinenden und stutzen die Ungerechten zurecht. Obzwar Hund und Katze sowie der Herr Bürgermeister ihnen manchmal ans Leder wollen, nehmen sie das Leben leicht. Sie bewältigen es mit einer wohldosierten Prise Humor.

Ihre Frauen nennen diese Figur Papa oder Vati, ihre Vorgesetzten respektvoll Herr Meier oder Herr Lehmann, ihre Kinder sagen gar nichts, sie schauen auf. Das haben sich die Gütigen, Ehrlichen, Heiteren, Redlichen à la Rühmann verdient.

Der Schauspieler erfand für diese Figuren ein passendes mimisches und gestisches Gewand. Bewegung, Aussehen und Stimme harmonierten so vollkommen, daß das Publikum Rühmann mit dieser Rollenfigur lebenslang identifizierte.

Da paßte alles. Heinz Rühmann mit kleinem Schnauzer oder ohne, in Knickerbockern, kariertem Hemd und Sportmütze, mit Aktentasche, Pausenstulle, Thermosflasche, auf dem Fahrrad oder gut zu Fuß, immer ein verschmitztes Dauerlächeln in den Augenwinkeln und ein geflügeltes Wort auf den spitzbübischen Lippen. Mit den scheuen Gesten des kleinen Mannes, der jedoch im richtigen Moment aufmuckt – Haltung Briefträger Müller, aber Selbstbewußtsein Oberregierungsrat.

Der Redliche gönnt sich nichts, was er nicht verdient hat; nie würde er sich mit falschen Federn schmücken; und selbst wenn er Kaviar löffelt, kann er dafür einen legitimen Grund angeben: fünfundzwanzig Jahre im Dienst oder unfallfreies Fahren, ein diszipliniertes Bürgerdenken, lebenslängliche Liebe, guter Umgangston oder ordentlicher Hunger. Die Gründe ließen sich mehren.

Er dienert, denkt sich aber sein Teil; will nicht stören, macht sich aber ständig bemerkbar; hofft auf bessere Zeiten, richtet sich aber heiter in den alten ein; ist mit allem zufrieden und trägt schwer schluckend daran, wenn ihm einmal Gutes widerfährt. Er bleibt an seinem angestammten Platz, auch wenn ihm jemand eine Million vermacht, probiert als kleiner Mann neugierig große Sessel aus und schlüpft vorübergehend in die Kleider der Reichen – aber nur, um mit desto mehr Gemüt ins Eingemachte zurückzukehren. Er steigt schnell wieder vom hohen Roß herunter, denn er ist nicht bestechlich. Nur das kurze Lecken der Lippen im Angesicht eines geerbten Vermögens läßt erkennen, daß er kein Kostverächter ist. Dieser Mann bleibt sich treu und damit bei seinen Leisten. Sein Publikum dankte es ihm – und seinem Darsteller. ◆

Dreizehn Stühle – zum Nachzählen

„Briefträger Müller" – auf Fahrradtour

Der eiserne Gustav

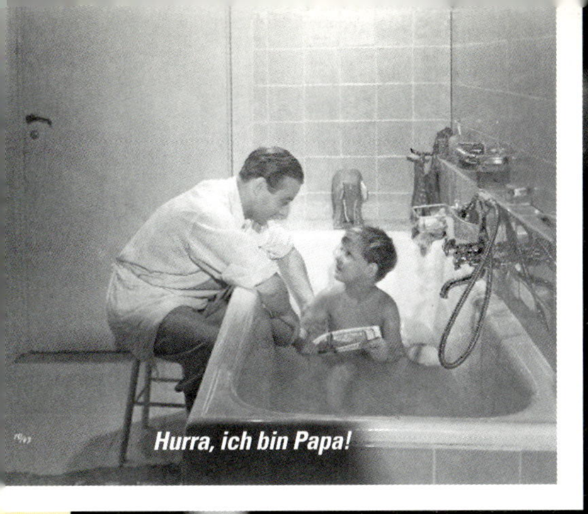

Hurra, ich bin Papa!

Das Geheimnis der roten Katze

Der Lügner

„Briefträger Müller" – in Zivil

Der brav Beflissene

Seine liebste Geste: Er legt beide Hände vor den Solarplexus, trommelt mit den Fingern der einen Hand einen imaginären Takt, wippt dabei auf den Fußballen und grinst verschmitzt. Nachdem er so zu einem Denkmal des Braven geworden ist, sieht er sich nach allen Seiten um, preßt seine schmalen Lippen zu einem gespielt säuerlichen Ausdruck zusammen und macht sich klammheimlich ran an Laster wie Schnaps, Schokolade und auch Seidenwäsche.

Im Ausdruck höchster innerer Motorik reibt sich der Beflissene die Fingernägel am Revers, bis sie glänzen. Dabei sieht er unschuldig zur Decke. Er führt etwas im Schilde. Der Brave denkt sich etwas aus. Und da er kein Intellektueller ist, wird dies immer von kleinen Gesten begleitet, mit denen er sich der Dinge versichert. Er betastet Gegenstände, nestelt an seinen Klamotten, legt provisorisch die Fingerspitzen seiner Hände zu einem Zeltdach aneinander und macht eine verschwörerische Miene. In seinem Kopf legt er die Welt rein.

Aber im Rahmen. Er ist sich seiner untergeordneten Stellung bewußt. Nie täte er etwas Ungehöriges. Fraglos akzeptiert er Hierarchien.

Wenn er auf einem Stuhl sitzt, benutzt er nur die vordere Kante, wenn er mit jemandem spricht, vollzieht er wie ein kinetisches Echo dessen Gesten und Bewegungen mit. Er ist sich seines Platzes in der Welt nicht sicher. In Ausübung seines Dienstes verhält er sich bis an die Grenze der Selbstaufgabe, er kann beflissen bis zur Dummheit sein. Denn natürlich weiß er, daß dies seine einzige Macht ist: sich an die Vorschriften zu halten. Dahinter verschanzt er sich wie hinter Betonmauern und fühlt die gesamte Bürokratie hinter sich.

Er drückt sich gern an Wänden entlang, aber feige ist er keineswegs. Eher verursacht sein geradezu ontologisches Schuldbewußtsein diesen vorbeugenden Rückzug. Und zu Hause vergräbt er sich hinter der Abendzeitung. Die Lektüre verhindert, daß er seiner streitlustigen Frau widersprechen muß. Denn er weiß: Wenn sie ihm Vorwürfe macht, wird er nicht das Haupt erheben, sondern den Kopf senken. Vielleicht aus Liberalität, wahrscheinlich aus Schwäche. Jedenfalls graust ihm davor.

Er tut alles, was man von ihm verlangt. Bis es sein Gefühl für Gerechtigkeit ankratzt. Dann geht bei ihm nichts mehr. Insofern ist der Beflissene in der Gestalt von Heinz Rühmann der Gradmesser für den moralischen Zustand der Zeit, in der seine Rollenfiguren leben.

Bis es zu irgendeiner Krise kommt, die er übrigens ständig erwartet, pflegt er seine weiteren liebsten Gesten. Er hebt die Hände wie zum Einspruch, um sie schon in halber Höhe wieder herabflattern zu lassen; er hört zu, als höre er nicht recht; seine feuchten Augen bitten um Vergebung, auch wenn es gar keine Schuld gibt; er schaut, als habe er eine Ohrfeige erhalten; er nickt; er legt den Kopf schief; er mault ein bißchen, wenn es nicht anders geht; er streicht das ordentlich frisierte Haupthaar nach hinten; er bohrt einen Finger ins rechte Ohr und zupft am Ohrläppchen. Seine Augen bekommen einen lausbübischen Ausdruck, ein befriedigtes Lächeln zuckt in seinen Mundwinkeln, er winkt ab und drückt möglichen Widerspruch stillschweigend und wie im Selbstgespräch in sich zurück. Dabei werden seine Gesichtszüge immer nichtssagender.

Wie ein Hausmeister steht der brav Beflissene in der Gestalt von Heinz Rühmann überall herum. Seine angegrauten Haare signalisieren Erfahrung, wo nur Altern vorherrscht, seine Urteile Lebensweisheit, wo nur das begrenzte Begreifen waltet. Er ist die Gestalt gewordene Pikiertheit, beflissen, wo es nötig, widerborstig, wo es möglich ist. Untertanengeist im Bürokittel, dem nur die Befehle von ganz oben Beine machen.

Aber den Gerechten gegenüber entwickelt er ein feines Instrumentarium an Sensibilität. Lasset die Gerechten zu ihm kommen, und dieser Ausbund an Beflissenheit wird gerecht handeln. Er wird sogar dem Einbrecher, der aus Not handelte, die Waffe zurückgeben, wenn er diesen erfolgreich, bis zum Eintreffen der Polizei, bewacht hat. Brav bis zur Selbstaufgabe, wird diese Rollenfigur den Film zu einem guten Ende bringen. ◆

Der Lügner

„Briefträger Müller" – in Uniform

Fünf Millionen suchen einen Erben

Die Drei von der Tankstelle

Der fröhliche Operettenheld

Ein Freund, ein guter Freund, das ist das Schönste, das es gibt auf der Welt – diese und andere Bekenntnisse konnte Heinz Rühmann auch musikalisch vortragen. Mit seiner dünnen, recht hohen, jungenhaften Stimme sang er sich in die Herzen seines Publikums, das diesen Wort- und Bewegungsdarsteller der Theaterbühne auch in Filmoperetten liebte.

Rühmann war musikalisch auf der Höhe, auch wenn er seine Lieblingsrollen von Shakespeare-Format eher dramatisch über die Rampe bringen wollte. Er konnte pfeifen, singen, springen und steppte auch schon mal vor der Kamera. Es bereitete ihm keine Mühe, aus einer Sprechrolle in Gesang zu verfallen und sich schnurstracks aus einem Gehenden in einen Tanzenden zu verwandeln. Dazu mußte er nicht einmal die Hände aus den Hosentaschen nehmen. So gelenkig war diese halbe Portion, so perfekt seine Körperbeherrschung, daß er aus dem Stand in den Spagat oder die Pirouette springen konnte, und er beherrschte auch die Polonaise – wenn die Kameraden mitmachten.

Sein Gesang war eigentlich eher ein Sprechgesang, mit dem Rühmann daran erinnerte, daß er, was immer er zu sagen hatte, mit eigener Diktion gegen den Strich sprach. So hielt er es auch musikalisch. Gegen den Strich singen wie er, mit der Betonung an der „falschen" Stelle, konnte sonst keiner; so kitzelte er aus Worten und Noten besondere Bedeutungen heraus à la: Ein Freund bleibt immer Freund, und wenn die ganze Welt zusammenfällt.

Er war kein Heldentenor. Er sang nicht auf den Opernbühnen der Welt den Don Giovanni oder Philipp II, sondern in Ufa-Operetten den kleinen Mann mit dem Sparprogramm. Aber gerade das machte ihn beliebt. Er fixierte das imaginäre Publikum im Kameraobjektiv, das ihn anblickte, stemmte die Arme in die Hüften, schwenkte die nicht sehr langen Beine, bewegte sich selbstironisch wie Puck in einem sehr deutschen Sommernachtstraum, lachte spitzbübisch – und krähte los. Da blieb kein Auge trocken. ◆

DER EWIGE LAUSBUB

Groß war er nie, also lag ihm der ewige Lausebengel. Verschmitztes Gesicht, eine irgendwie freche Körperhaltung, leichtes Grinsen – ihm kann keiner. So steht Rühmann in Rollen wie dem Johannes Pfeiffer in der *Feuerzangenbowle* (1944) oder dem Erich Pfeiffer in *So ein Flegel* (1934) da, ein Gestalt gewordener Jungenstreich, den das Schicksal den Lehrern zufügt.

Heinz Rühmann als Lausbub, frech und unsicher zugleich, baut sich vor den Autoritäten und Verhältnissen auf, schwankt leicht unter ihrem Druck, weicht aber nicht. Ein Lächeln umspielt seine Lippen, das von Selbstbewußtsein zeugt, ein Sprechen verläßt seinen Mund, das sich schon im Entstehen auf der Siegerstraße weiß. Er spricht wie einer, der die schweren Dinge leicht und deshalb ironisch nimmt.

Der Lausebengel kokettiert mit allem. Er schlängelt sich durch die Verhältnisse durch, eckt mal hier, mal dort an, verliert jedoch nie seine gute Laune und die Übersicht. Beim Gehen hüpft er, oder der Zuschauer erwartet es zumindest jeden Augenblick; beim Stehen lümmelt er sich mit überkreuzten Beinen gegen alles, was ihn stützen kann; die Dinge sind für ihn da, seine selbstgewisse Haltung kennt keine Verkrampfungen. Der Puck aus dem *Sommernachtstraum* ist selbstverständlich die Lieblingsfigur dieses Lausbubs. Wie dieser löst er, wenn es notwendig wird, mit einer frechen Volte alle Konflikte, auch die, die er vorher selbst hervorgerufen hat.

Wer wagt, gewinnt!

Seine neugierige Nase wird immer spitzer, sein kleiner Körper reckt sich, seine Augen funkeln, sein Mundwerk plappert – er hält das Leben für einen Studentenulk. Der Charme des Jungen, der nur Firlefanz im Kopf hat, nimmt noch zu, wenn er wieder einmal einen Streich plant; dann überziehen tausend ausgelassene Kobolde seine Gesichtszüge, und er springt als der tausendundeinste Kobold davon. ◆

Paradies der Junggesellen

Briefträger Müller

Ich vertraue dir meine Frau an

Der Lügner

Ein Walzer für dich

Quax, der Bruchpilot

DER PFIFFIGE LUFTIKUS

Privatfoto

Er will hoch hinaus. Und das schafft er auch. Dabei hilft ihm ein Flugzeug. Heinz Rühmann, auch im Privatleben als Flugnarr bekannt, ließ es sich nicht nehmen, auf der Leinwand ins Cockpit zu steigen. Seine Rollenfigur des kleinen Mannes, der mißmutig am Ende einer ganzen Reihe von Größeren steht und davon träumt, sich – im übertragenen Sinne – endlich einmal zu erheben beziehungsweise erhoben zu werden, war ihm auf den Leib geschrieben.

Denn er sah zwar nicht so aus, war aber „ein richtiger Kerl", einer, der die Anstrengung liebte. Das konnte er in Filmen wie *Quax, der Bruchpilot* beweisen, in dem er einen pfiffigen, wenn auch muffigen Kleinbürger spielte, der tatsächlich fliegen lernt. Er ruckt mit den schmalen Schultern, kickt den Strohhut aus der Stirn, sondert widerborstige Sätze ab und drückt in seiner ganzen Haltung aus, daß er vor den „großen Tieren" keinen Respekt hat. Damit sprach Heinz, der Quax, seinem Publikum aus dem Herzen, das in dieser Zeit der Kriegsjahre unter martialischen Großen mit Uniform, Stahlhelm und Hakenkreuz litt.

Der Luftikus des Bodens, der fest mit beiden Beinen auf der Erde steht, bevor er abhebt, macht zunächst keine gute Figur. Einer muß den Affen spielen, also spielte ihn Rühmann. Der kleine Mann ist angesichts des Fliegens oder anderer Großtaten feige, will doch lieber auf dem Boden der Tatsachen bleiben, leidet unter Flugangst – um sich dann als begabter Flugschüler zu entpuppen, was ihn um so liebenswerter macht. Als der Boden ihn nach der ersten schrecklichen Flugstunde wiederhat, kehrt seine kesse Lippe zurück; Flieger sein wollen ist nicht schwer, Flieger werden dagegen sehr.

Luftikusse, die mehr scheinen wollen, als sie sind, spielte Rühmann oft. Sie tun so als ob, bauen sich vor den anderen auf, wippen auf den Fußballen, wollen größer sein. Im Bewährungsfall gehen sie erst mal baden, aber nur, um sich später trocken und desto siegreicher zurückzumelden. Über diesen Umweg werden sie sympathischer, als wenn sie gleich auftrumpfen dürften.

So wie Otto Groschenbügel in den beiden *Quax*-Filmen. Der Mann ist ein Aufschneider, so klein er ist, so groß tut er. Nach seinen Angebereien am Stammtisch zu urteilen, ist er der Flieger Nummer eins im Reich, aber da ihm seine Fliege lächerlich schief am dünnen Hals hängt, die Melone einen kuriosen Kontrast zur spitzen Nase bildet und seine Eloquenz eher bescheiden anmutet, ahnt der Zuschauer gleich: So quick ist Quax nicht, er ist

Der Mann, von dem man spricht

eher ein Bruchpilot. Aber um so gewaltiger steuert er dann doch zum Erfolg.

Aus dem tollpatschigen Zivilisten wird ein Uniformierter, aus dem Bürohengst ein Freiluftflieger, aus dem Aufschneider ein Realist, der weiß, wo es langgeht. Aus dem Luftikus wird ein wirklicher Herr der Lüfte.

Dieser Typ des guten Deutschen war eine Identifikationsfigur. Ein Mann, der sich erhebt. Zuerst ist er am Boden zerstört, dann geht er in die Luft. ◆

Quax, der Bruchpilot

Wenn der Vater mit dem Sohne

Der traurige Clown

Etwas in ihm ist kaputtgegangen, etwas ist zersprungen. Das prädestiniert ihn zum Clown. Unter seiner lächelnden Maske weint dieser Mann. Dann lächelt er wieder.

Traurigkeit auf dem Boden der Komik, das ist sein Fach, er beherrscht es wie jeder große komische Darsteller. Komik leuchtet erst durch ihren Gegensatz auf.

Die Clownerien dieses Mannes, der in Rühmanns Rollenmaske beispielsweise Teddy Lemke heißen kann, arbeiten mit Dingen, Requisiten, mit Musik. Er hantiert mit widerspenstigen Gegenständen, die ihm nicht untertan werden wollen, aber das offenbart noch keine tragische Dimension. Die Wirkung ist klein, auf Spaß angelegt, nicht auf Erkenntnis. Denn unser Clown will nur sanft erheitern, nicht erschrecken. Deshalb sind Kinder seine bevorzugten Adressaten.

Seine Bewegungen laufen „rund". Er zappelt nicht, weder im Hinterhof vor Zuschauern noch in der Manege, fließend findet er Übergänge für seine Nummern. Und selten fällt er selbst auf die Schnauze, er läßt die Dinge purzeln und kalkuliert die Wirkung, die das auf seine Zuschauer ausübt. Er ist also kein Aktionsartist, sondern der Mann, der die Fäden zieht, die Marionetten tanzen, den Dingen ihren Lauf läßt. Auch wenn am Ende einmal alles zu Bruch geht, steht er immer noch lächelnd, mit Grazie da und deutet stillvergnügt auf sein erheiterndes Werk.

Auf der Reeperbahn nachts um halb eins

Dieser Künstler ist nicht tollpatschig wie andere Clowns. Seine Wirkung erzielt er im Gegenteil mit kleinen, genialen Einfällen, gutem Timing, artistischer Eleganz. Deshalb ist er auch nicht saukomisch, sondern sympathisch komisch, von bescheidener Wirkung; nicht Schenkelklopfen ist sein Ziel, sondern stille Heiterkeit. Liebenswürdig setzt er seine mimischen und gestischen Pointen, ein Menschenfreund im Gewand des melancholischen und stummen Spaßmachers. ◆

Wenn der Vater mit dem Sohne

Der Mann, von dem man spricht

Fünf Millionen suchen einen Erben

Wenn der Vater mit dem Sohne

Der Mann, der nicht nein sagen konnte

DER KLEINKARIERTE BIEDERMANN

Pantoffeln stehen ihm glänzend, ebenso Schlafanzug und Morgenrock – längsgestreift. Mit dem morgens über die Schultern gelegten Handtuch wirkt Heinz Rühmann in der Rolle des Kleinbürgers von weitem wie ein Boxer, aber von nahem wie ein Biedermann. Das liegt an seinem Gesicht mit dem mauligen Mund, dem weichen Kinn, dem unterdrückten Mißmut in den Augen. Dazu kontrastiert seine dünne Stimme, die nicht aufzubegehren wagt.

Dieser Kleinbürger wagt auch sonst nicht allzuviel. Vielleicht ist seine Grundeinstellung einfach zu augenzwinkernd-menschenfreundlich, er schüttelt jedenfalls lieber pikiert den Kopf und tritt einen Schritt zurück, um den Starken, Rücksichtslosen vorzulassen, der ihm ohnehin schon im Nacken sitzt.

So ein Flegel

Autoritäten machen ihn nervös. Dann beginnen seine Stimme und auch seine Gedanken zu flattern. Er scharrt auf der Stelle wie ein Huhn, senkt den Blick, errötet. Der Kleinbürger in ihm schlägt ihn zu Boden. Er weiß nicht mehr, was er will. Mordsrespekt lähmt ihn.

Schüchternheit, Bescheidenheit – das sind Worte, mit denen er etwas anfangen kann, er liebt seinen kleinen Rahmen. Zwar bindet er sich manchmal einen bunten Schlips vor den Adamsapfel und stülpt sich keck eine „Kreissäge" auf den Kopf, aber dieser Vorsorge folgt keine befreiende, sinnliche Tat aus Unternehmungslust und Weltläufigkeit. Er bleibt in Pantoffeln. Er kämpft nicht, lieber vergießt er eine Träne über einen drohenden Verlust, als sich dagegen zu wehren. Warum sollte er auch – wenn er in seinem Wohnzimmer auf seiner Couch sitzt, sind die Feinde weit weg. Stellvertretend fürs große und süße Leben trinkt er dann ein Gläschen Wein und stößt aufs gerade noch vermiedene Abenteuer an.

Wenn er jedoch wirklich einmal loslegt, schießt er gleich weit übers Ziel hinaus. Sein einmaliger Überschwang reduziert seine sonst wohlgesetzten Worte auf ein Brüllen, ein triumphierendes Lachen verläßt seine einmal geschwellte Brust, Entschlossenheit meißelt seine Züge, es schreit aus ihm heraus! Der Biedermann plötzlich als Brandstifter – aber das ist ihm gleich selbst so peinlich, daß seine Stimme wieder tonlos zusammenfällt und seine Bewegungen auf die eines Pennälers schrumpfen. Er schlüpft erneut in die Pantoffeln. ◆

Der Mustergatte

Keine Angst vor großen Tieren

Wenn wir alle Engel wären

Das kann jedem passieren

Man braucht kein Geld

Der brave Soldat Schwejk

DER SCHALKHAFTE UNTERTAN

Er ist redselig. Mit Worten überschüttet er seine Freunde und Feinde. Das geht meist so lange, bis diese nicht mehr wissen, was sie selbst sagen wollten. Dabei hat er recht, der gewitzte Untertan. Er kennt das Leben, wenn auch aus der Untersicht – aber gerade die garantiert eine freie Durchsicht nach oben.

Im Umgang mit den Oberen beweist er Respekt, verhält sich aber so überbetont, daß diese sofort das Gegenteil wittern. Er ist so beflissen, daß Ironie dahinterzustehen scheint. Und je ängstlicher er aus der Wäsche schaut, desto mehr ist zu erwarten, daß er den Amtsschimmel heimlich verhöhnt.

Rühmann ist der klassische Fall. Als schalkhafter Untertan wirkt er, als hätte man ihn um seine spitze Nase herumgebaut. Die Nase ist das einzige Spitze an ihm, sonst sieht er weich und nachgiebig aus, er mag es nicht, sich an Ecken und Kanten zu stoßen. Nachgiebigkeit ist überhaupt seine hervorstechende Charaktereigenschaft – wozu sich streiten? Jeder hat schließlich irgendwie recht. Und gegen die da oben kommt sowieso keiner an. Ob er mit dieser Einstellung allerdings dumm oder gescheit ist, darüber dürfen sich die Kapazitäten streiten. Vielleicht ist er ein dummer Gescheiter, einer ohne Bildung, aber mit „Herzensbildung" – der Mann aus der Menge, halb Duckmäuser, halb Anarchist, das Stehaufmännchen schlechthin.

Ein Schalk, wer Böses von ihm denkt. Aber man wundert sich schon, wie freiwillig blöde er sich gibt, denn hinter seinem pfiffigen Gesichtsausdruck, den Rühmann durch ein nach innen gerichtetes Dauerschmunzeln verstärkt, lauert die schonungsloseste, wenn auch ohnmächtige Abrechnung des kleinen Mannes mit den Mächtigen: stiller Spott. ◆

Der brave Soldat Schwejk

Der fesche Frauendarsteller

Seine Aura ist ganz enorm. Dieser Gang und diese Beine! Ist er nicht *Hollywood!*? Heinz Rühmann schlüpfte in Frauenkleider. Als Charleys Tante war es soweit.

Die Rolle ist heiß. Rühmann bleibt cool, er schwenkt die Hüften. Sein Dekolleté kann sich sehen lassen, auch die Manier, wie der Schauspieler den Pelz drapiert. Seine Stimme gleicht allerdings eher dem Organ einer zickigen Tante als dem einer eleganten Dame von Welt, aber das gleicht der grüne Hut mit dem Federbusch aus, der chic auf seiner ondolierten, rothaarigen Frisur klebt.

Charleys Tante kippt ein Glas Sekt, als wären es Herztropfen, sie rückt den ausgestopften Busen zurecht und wirft sich in die Brust wie ein Torero vor dem Kampf, kippt noch ein Glas und schlägt die Beine so aufreizend übereinander, als wäre sie ihre eigene Nichte.

Die Tante rümpft die Nase, schmatzt ein bißchen, leckt sich die Lippen; sie ringt die behandschuhten Hände und wirft kokett den Kopf in den starken Nacken. Fast männlich sind ihre Manieren, doch das merkt niemand, der ihrem schaukelnden Gang nachschaut, mit dem sie sich auf den Weg zur Damentoilette macht.

Rühmanns Frauenrolle besitzt auch antifeministische Züge, aber das bemerkte im Uraufführungsjahr des Films, 1956, niemand. Männer, die in dieser Zeit Frauen spielten, bemühten sich darum, nicht schwul zu wirken, ein gelungener Transvestitismus hätte ihre Karriere beschädigt. Also zielte das Bemühen auf Männlichkeit im Frauenrock, und das gelang auch Heinz Rühmann vortrefflich.

Erfolgreich behandelt er die übrigen Frauen wie Waisenkinder, ebenso allerdings die anwesenden Herren. Der Schalk kichert zwar und wedelt irgendwie weibisch mit dem Drohfinger, aber wenn er ein Mädchen tätschelt, geschieht dies nach Art des bundesdeutschen Machos: ein Klaps auf den Hintern beendet sein Tun. Mit dieser Geste männlicher Frauenverachtung krönt er die Zärtlichkeit.

Dies abgezogen, amüsiert Rühmanns Rolle, die in der Filmgeschichte auch andere Darsteller spielten, heute noch. Denn der Schauspieler bietet einfallsreich überraschende Gesten, sensible Bewegungen, mimische Einlagen, kokettes Gehabe, köstliche Peinlichkeiten in Hülle und Fülle. Seine Tante ist eine der besten. ◆

Charleys Tante

Der Mann, der Sherlock Holmes war

Lumpacivagabundus

DER SCHÜCHTERNE TRÄUMER

Hauptsache glücklich

Er spricht kaum, deshalb ist er auch nicht komisch. Aber auch nicht tragisch, denn die Welt kommt ihm nur wie ein großes, wenn auch fernes Märchenland vor. Aber er traut sich nichts Rechtes, denn unser junger Mann ist ein Träumer.

Umständlich rückt sich Rühmann die Brille zurecht, watschelt in seinen Zimmern hin und her, nestelt am Hemdenknopf, zupft an seiner Jacke. Seine Beschäftigungen sind am Konkreten orientiert, doch er handelt schlafwandlerisch, weil seine eigentliche Welt im Kopf existiert – er zieht Vorhänge zu, putzt Gläser, deckt Lampen ab, setzt sich zögernd wie ein Unbehauster in der Welt zurecht, sitzt über seinen Büchern, einem Bissen oder leichter Hausarbeit. Den Kopf hält er gesenkt oder, besser gesagt, auf das Nächste gerichtet. Und schon holen ihn seine Träume ein.

Der Mustergatte

Er kann schon leicht kauzig wirken, wie er Gestalten phantasiert, die nicht anwesend sind, Selbstgespräche führt, grundlos lächelt, im Geiste ganz woanders ist. Währenddessen vergeht die Zeit, und unsere träumende Rollengestalt mit dem Gesicht eines Schalks, den Augen eines Weisen und vielleicht dem Namen Wenzel – ein Schneidergeselle, ein Lumpacivagabundus, jedenfalls einer, der noch alles vor sich hat – erfindet für sich ein schöneres Leben, bessere Gelegenheiten, Würde, Achtung, Frauenliebe – Märchenhaftes. Wenn er ins „richtige" Leben zurückkehrt, wird ihm blitzschnell seine Nichtswürdigkeit klar; der Träumer erweist sich in persönlicher Einschätzung durchaus als realistischer Geselle.

Seine schüchterne Haltung, die kaum direkte Blicke wagt, sondern lieber aus sicherer Deckung operiert und sich gern in Kulissen tarnt, behält er bei.

Heinz Rühmann spielt diesen Charakter mit unsicheren Bewegungen, die nicht wissen, ob es nach rechts oder links geht, mit einer fast tänzerischen Anmut in der Defensive – ein Schritt vor und zwei zurück –, mit einem Zögern, er selbst zu sein. Er zeigt eine Figur, die auf halbem Weg zwischen Wollen und Verharren alles durcheinanderbringt, die tänzelt und schwankt, immer halb im Ungewissen über das Hin und das Her. Er nähert sich auf Umwegen wie ein Seiltänzer, der weiß, daß er jederzeit abstürzen kann. Aber er hat Grazie. Wer ihn gehen sah, weiß mehr über Erdenschwere und ihre Überwindung durch schüchterne Beharrlichkeit.

Ein leiser Charakter. Im deutschen Kino meist kein erfolgreiches Rollenfach. Aber auch diesen verträumten Typus aus dem Fundus des Menschlich-Allzumenschlichen konnte Heinz Rühmann spielen. ◆

Hauptsache glücklich

Hauptsache glücklich

Nanu, Sie kennen Korff noch nicht?

Dreizehn Stühle

Kleider machen Leute

Er kann's nicht lassen

Die Abenteuer des Kardinal Braun

Das schwarze Schaf

DER GÜTIGE MORALIST

Er rafft den Rock, denn er ist Pater. Oder auch Pauker, Jugendrichter oder „Kriminaler“. Doch im Innersten seines Wesens ist dieser Mann Moralist. Einer von der Sorte der Kleinen, Reinen, der menschliche Schwächen kennt und schon mal ein Auge zudrückt. Er senkt die Stimme, jede Pose fällt von ihm ab, das Leid in der Welt hat von ihm Besitz ergriffen. Er will nichts besser wissen und nicht belehren, sondern er stellt sich ganz in den Dienst der allzumenschlichen Sache. Vorbild zu sein, das ist sein Ideal. Und wenn er mit dieser Haltung langsam aus dem Bild geht – ob mit oder ohne Musikuntermalung –, wirkt er glaubhaft wie kein zweiter.

Ein bißchen wichtig nimmt er sich aber schon, immerhin betrachtet er gern sein Spiegelbild. Und er verlangt Respekt oder zumindest Beachtung. Wenn er in einer Kneipe auftaucht, an deren Tresen sich die Alltagstrinker tummeln, kristallisiert sich an seiner schmächtigen Gestalt aufdringlich das Gute, während das Böse den anderen bleibt. Ob das human ist, bleibt dahingestellt, unser Moralist führt diese scheele Sicht der Dinge auch nicht im Schilde. Aber es sieht so aus, als täte er es.

„Hübsch häßlich“ findet er die Welt. Dementsprechend säuerlich ist sein Gesichtsausdruck, wenn er von den Erbauungstraktaten, die er liest, zu den Realitäten abschweift, aber auch Güte zeichnet sich darin ab. Er vergibt, auch denen, die darauf gar keinen Wert legen.

Heinz Rühmann als Moralist ist die personifizierte Vergebung. Und das genießt er sehr mit seinen Rollenfiguren. Wenn er lange Wege zurücklegen muß, auf die Kamera im Vordergrund zu, leuchtet die Gloriole seiner Güte über ihm und läßt ihn in der Vorahnung der Verehrung, die auf ihn zukommt, erschauern.

Insgesamt gesehen, schwankt er zwischen offensiver Güte und defensiver Demut. Ein bißchen schwarzes Schaf ist er natürlich auch, denn er ist mit dem Leben infiziert, das andere Moralisten nur vom Hörensagen kennen. Nein, so billig will unser Mann in der Gestalt von Heinz Rühmann nicht davonkommen. Eine Prise Sünde soll schon sein.

Und das macht ihn sympathisch. Er ist nicht nur das tönernde Vorbild, sondern einer unter anderen, der Mann mittendrin, einer, der das Salz der Erde durchaus gekostet hat. Ein Moralist der Menge.

Der Pauker

Rühmann spielte das mit kecken Bewegungen, strenger Miene, gefolgt von einem warmen Lächeln, biedermännischem Gang, einem vorwitzigen Rucken der schmalen Schultern, triumphierenden Blicken gen Himmel, wo er seinen Auftraggeber wähnt. Er scheint die letzte Instanz auf Erden zu sein – vor dem Abgrund. An ihm kommt keiner vorbei, der sauber bleiben oder insgesamt gerettet werden will. Da ist er ganz sicher. Gütiger Himmel! – stoßseufzen daraufhin die Unmoralischen. ◆

Das schwarze Schaf

Zwischenlandung in Paris

Menschen im Hotel

Der Hauptmann von Köpenick

Der Hauptmann von Köpenick

Der Hauptmann von Köpenick

Der kleine Tragöde

Mit großen Augen, nah am Wasser gebaut, starrt er in die Welt. Die Welt besteht aus schönen Menschen, schönen Gegenständen, satt zu essen und zu trinken – wenn auch nicht für ihn. Heinz Rühmann zieht die Stirn in Sorgenfalten, er senkt den Kopf, sein Gesicht schrumpft wie ein Bratapfel, der Humor ist ihm vergangen. Das Leben ist eins der schlechtesten.

Die Bewegungen des Tragöden sind schleppend. Er drückt sich scheu zur Seite. Seine Gesten werden fahriger. Der kleine Mann im schäbigen Bratenrock wird nicht durch ein respektables Äußeres zusammengehalten, auch wenn seine Melone kerzengerade auf seinem Schädel sitzt. Er wirkt wie eingezwängt. Ungemütlich. So kennt man Rühmann kaum, man hat ihn selten ohne seine sprichwörtliche Pfiffigkeit gesehen, aber wenn das Leben seinen Rollenfiguren zu übel mitspielte, dann wechselte der talentierte Schauspieler aus dem heiteren Fach auf die andere Seite des theatralischen Dualismus und spülte ein Lächeln mit zwei Tränen weg.

Auch diese Rolle steht ihm gut: die des geborenen Verlierers, der wider besseres Wissen lächelt. Aber er lächelt tapfer weiter – bis zum nächsten Schlag. Melancholisch blicken seine Augen, traurig hängt sein Schnauzbart herunter, seine Backen gleichen denen eines sehr deprimierten Dackels, er spricht tonlos, denn für emotionale Aufschwünge scheint es in seinem Leben schon zu spät zu sein. Er argumentiert nicht, er stößt Sätze aus, die wie verbale Bittgänge wirken. Und tief hinten in seiner Kehle formt sich ein Kloß, der herauswill. Unnachahmlich moduliert Heinz Rühmann in solchen tragischen Situationen seine Stimme. Er schreit nicht, er nimmt zurück. Seine Bitten klingen spröder, sie brechen plötzlich ab, bröckeln, fallen in sich zusammen. Dann schweigt er, und sein Hundeblick löst im Parkett des Kinos ein erstes Rascheln von Taschentüchern aus. Rühmann der Rührselige übernimmt das Regiment.

Und seine Wirkung ist deshalb enorm, weil er in seiner Darstellung den klassischen Dramaturgen widerspricht. Das Zuschauerinteresse am freien Fall seiner Rollenfiguren nach unten ist nicht deshalb groß, weil die Figuren weit oben standen. Rühmann schaffte das Gegenteil. Er spielte den Kleinen, der schon unten steht und fällt. Und wenn er aufschlägt, ist die Erschütterung dennoch riesengroß. Das gab er unvergleichlich eindringlich. ◆

Der Hauptmann von Köpenick

Der Mustergatte

Der Mustergatte

Charleys Tante

DER ECHT ERFOLGREICHE

Auch das war Heinz Rühmann: ein Mann des Erfolgs. Seine Rollen als Geschäftsmann, Bürovorsteher, Oberlehrer, Richter, Gesellschaftslöwe können sich sehen lassen. Aber sie gehören nicht zu seinen besten.

Rühmann im Ruhm. Natürlich hat er in diesen Rollen einen gehobenen Status, einen respektablen Titel – und einen Chauffeur. Diesen kann er herumkommandieren, wenn auch freundschaftlich, er duzt ihn selbstverständlich, nennt ihn Peter, Müller oder Max und befiehlt ihm mit militärischer Arroganz, zu fahren oder nicht zu fahren. Im deutschen Film der fünfziger Jahre besaßen Angestellte den Standard von Sklaven.

Bei gesellschaftlichen Empfängen sieht unser Erfolgreicher den Damen nach, allerdings nicht sehr dezent, denn er schnalzt dabei mit der Zunge oder murmelt „kolossal" – so leise, daß es die Dame hört. Danach versorgt er sie erstens mit einem aufdringlichen Handkuß und zweitens mit Champagner und Austern. Er kann mit glatter Zunge Reden halten und auch intim plaudern. Und wenn er jemanden beeindruckt hat, plaziert er noch ein mimisches oder verbales Extra mit einem triumphierenden Blick oder einem kleinen, beiseite gesprochenen Eigenlob – gewissermaßen fürs Publikum.

Insgesamt gesehen, sind solche Figuren im Frack, Maßanzug oder Cut Heinz Rühmann besser gelungen, je älter er wurde. Aber dann besonders glatt. Der Zuschauer ahnt, daß in dem deutschen Komödianten mit dem Kleineleutehabitus schon immer der erfolgreiche Aufsteiger gesteckt haben mußte, wenn dieser jetzt so echt darstellbar war. Oder hat Rühmann diese Rolle talentiert in kurzer Zeit dazugelernt? Dafür spricht, daß er als Erfolgreicher so übertrieben agiert, als müßte er das Minderwertigkeitsgefühl eines Kleinbürgers kompensieren.

Seine gestischen Extras sind so gekonnt wie indezent. Er wirbelt einen Kaviarlöffel um den Finger, bevor er ihn der Dame reicht, dabei versorgt er die Angebetete noch mit ein paar kleinen Tips aus der Kiste seiner Lebenserfahrungen. Er beeindruckt die Dame mit gefälligen und selbstgefälligen Weisheiten, überrumpelt sie mit aufdringlichem Charme, gewinnt sie mit einem Selbstbewußtsein, das förmlich aus ihm herausschwitzt. Er läßt sich pausenlos bestätigen, allerdings mit Charme, hat immer das letzte Wort, wirft Blicke um sich, die ihn seines Publikums versichern, bevor er seine entscheidenden Pointen setzt.

Nach Art der Erfolgreichen steckt er eine Hand in die Manteltasche – Daumen nach draußen. Er schwingt seinen Spazierstock korrekt im Schritt, sein Zylinder sitzt vortrefflich. Aber der Mann hat sich noch einen vibrierenden, inneren Rhythmus bewahrt. Wenn er eine Tanzdiele betritt, blitzen seine Augen. Das nimmt sofort für ihn ein. Er muß einmal gelebt haben. „Welch ein Pfundskerl!" rufen seine jüngeren Freunde dem Junggebliebenen zu.

Und richtig: Seine Bewegungen werden plötzlich jünger, seine Haltung wird entspannter, seine Rede nachlässiger. Er zwinkert mit den Augen, öffnet den oberen Jackettknopf und swingt mit der Musik. Die obere Chefetage scheint weit entfernt zu liegen.

Dann würzt er den Erfolgreichen noch mit einer Prise Humor, einem genüßlich geschlürften Glas Sekt und einem wirklich gewinnenden Lächeln. ◆

Auf der Reeperbahn nachts um halb eins

Fünf Millionen suchen einen Erben

Die ersten Jahre

Der kleine Mann kam am 7. März 1902 in Essen auf die Kleineleutewelt. Ein weiterer kleiner Rühmann war schon vorhanden, nämlich der zwei Jahre ältere Bruder Hermann, benannt nach dem Vater, der im Hotel Stemme gekellnert und dann die Tochter des Hotelbesitzers, Margarethe, geehelicht hatte. Was lag näher, als daß Vater Rühmann den fröhlich in die Welt krähenden Heinrich Wilhelm Hermann, genannt Heinz, zum Hotelfachmann bestimmte. Dieser ahnte davon noch nichts.

Heinz wuchs und gedieh, liebte seinen geselligen Vater und seine warmherzige, sensible Mutter, duldete seinen freundlichen Bruder im Kinderzimmer und auch die zwei Jahre nach seiner Geburt dazustoßende Schwester Ilse. Auf Fotos jener frühen Jahre präsentiert er sich unternehmungslustig – große Augen, frecher Mund – im Matrosenanzug, die Prinz-Heinrich-Mütze keß auf dem Kinderkopf. Er steht fest auf stämmigen, allerdings kurzen Beinen und blickt zu den Sternen auf – gewissermaßen. Vielleicht sieht er auch nur Mutter Margarethe, die er, wie Zeitzeugen berichten, wie eine Überirdische verehrte.

„Mein großer Kummer war meine Kleinheit; ich wollte doch jugendlicher Held werden und kleine Helden gibt es eben nicht. Jedenfalls nicht am Theater."

Heinz wächst in das neue Jahrhundert hinein, das hoffnungsvoll beginnt. Alles scheint im Aufbruch begriffen zu sein. Das Nationaldenken des 19. Jahrhunderts wirkt überwunden, Künste, Technik und Wissenschaften treten mit unerhörten Errungenschaften in den Vordergrund. Die Menschheit hofft auf bessere Zeiten. Heinz sucht seiner Mutter zu gefallen.

Schon im unverdächtigen Alter von fünf Jahren durfte sich der Sprößling als Gedichtrezitator produzieren. Wider Willen allerdings, es war Vater Hermann, der ihn dazu anhielt. Vielleicht lag in diesen abendlichen Auftritten vor dem versammelten Freundeskreis seines Vaters der Keim für Rühmanns spätere Spielleidenschaft. Jedenfalls heimste er ungeteilten Beifall ein, und das kann für einen nar-

Die ersten Starpostkarten von Heinz Rühmann. (oben und S. 43)

zißtischen Knaben im zarten Alter eine Erfahrung bedeuten, der er später unbedingt nacheifert.

Die Gnade des frühen Gedichts verließ Heinz auch in der Schule nicht. In der Essener Oberrealschule nötigte ihn der Deutschlehrer an nationalen Feiertagen zum Aufsagen kaisertreuer Ergüsse. Heinz würde sich in seiner Schulklasse umgehend an den Roman „Professor Unrat" von Heinrich Mann erinnert gefühlt haben, wenn er das Werk schon gekannt hätte. Wir schreiben Kaiserzeit, der Erste Weltkrieg steht vor der Tür, und die Erziehung gehorcht den pädagogischen Leitlinien Strenge und Strafe. Der Schüler Heinz wächst sozusagen in dem Film *Feuerzangenbowle* heran. Später wird er seine Rolle in diesem Lichtspiel mit Erinnerungen aus Essener Schultagen ausstaffieren.

Mitschüler beschreiben ihn als munteres Kerlchen, das zu jedem Spaß aufgelegt ist. Heinz ist klein und macht sich gern größer – durch Mutterwitz und Vaterfrechheit. Er bemüht sich erfolgreich darum, ein guter Schüler zu sein, und kann sogar den Sportlehrer zufriedenstellen. Dennoch ist es nicht Muskelkraft, die ihn allseits beliebt macht, sondern sein Talent, jeden in Grund und Boden zu reden. Kleiner Mann, ganz groß.

In der Familie Rühmann kriselt es. Der Vater, der sich als Hotelier übernommen hat, geht pleite, und als Ehemann scheitert er ebenfalls. Die Trennung von Ehefrau Margarethe erlebt Sohn Heinz zwiespältig – einerseits leidet er unter den familiären Konflikten, andererseits hat ihm die Mutter sowieso schon immer allein gehört! Und da der Vater ihm als väterlicher Freund vorerst erhalten bleibt und ihm zum dreizehnten Geburtstag sogar ein Fahrrad schenkt, überwindet der Musterschüler Heinz Rühmann das Familiendesaster schnell. Doch die Katastrophe kommt erst noch. Als Vater Hermann erkennt, daß er ohne Frau Margarethe nicht leben kann, nimmt er sich das Leben.

Es ist Krieg, und die Mutter übersiedelt daraufhin mit ihren drei Kindern nach München – die bayerische Metropole war damals die preisgünstigste Großstadt im Reich. Das sind Ereignisse, die trotz unterschiedlicher Größenordnung für den jungen Heinz starke Einbrüche bedeuten. Seine gute Laune versiegt. Das Leben ist kein Kalauer. Oder doch?

In der neuen Klasse, auf der Schule am Regerplatz in München, mußte sich Heinz den Platz, den er einzunehmen gewohnt war, erst wieder erkämpfen. Seine Schlagfertigkeit, ja sein ganzer Humor kamen hier zunächst gar nicht an. Der „Preuße" in jenem unkleidsamen Bleyle-Matrosenanzug biß bei den krachernen Bajuwaren gewissermaßen auf Leder.

Aber Heinz machte aus der Situation das Bestmögliche. Er lernte und paßte sich an. Bald wirkte er bayerischer als die Bayern und überzeugte seine Mitschüler mit seinen alten Tugenden. In dieser Situation kam Rühmanns grundlegender Charakterzug zur Geltung, der ihm auch in späteren, zumal heiklen Momenten helfen sollte: seine Anpassungsfähigkeit. Wendig, gutwillig und intelligent, wie er war, tauchte er bald völlig in das Milieu ein, in dem er lebte. Genauer gesagt: Er gab seinen Mitschülern bald Nachhilfeunterricht für fünfzig Pfennig in der Stunde.

Etwas saß wie ein Stachel im Kopf des jungen Heinz Rühmann: seine unbezähmbare Lust an der Deklamation von Texten. In der Schule konnte er diese Begabung ein ums andere Mal beweisen, kein deutscher Klassiker war bald vor ihm sicher, Heinz lernte ganze Dramen auswendig. Und da die Spiegel in der Münchener Wohnung groß genug waren, ergab sich mühelos die Gelegenheit, sich selbst beim „Spielen" zuzusehen. Ein kleiner Theaternarziß war da auf dem Sprung, begeistert von der Vorstellung, „über die Rampe" zu gehen, hinein ins Publikum, dessen Beifall er ersehnte; getrieben von dem Wunsch, vorzutragen, aufzufallen, anzukommen.

Eines Tages ergab sich für diesen hoffnungsvollen Nachwuchsmimiker und -rezitator eine unerwartete Chance. In einer Münchener Theatervereinsaufführung des Stückes *Der Müller und sein Kind* von Ernst Raupach mußte die Rolle des Konrad besetzt werden, der früh stirbt und danach als Geist auf Erden erscheint. Nicht gerade eine Idealrolle für jemanden, der Heinrich von Kleist auswendig kennt. Aber eine Chance. Und Heinz nutzte sie.

Er geisterte über die Bretter, die nunmehr endgültig seine Welt bedeuten sollten, und das Publikum kam einhellig zu dem Schluß: Einen so unterhaltsamen Verstorbenen hatte es lange nicht gegeben. Heinz lebte noch Tage nach der Aufführung ganz im Bann seiner allerersten Theatererfahrung. Das Theater mußte es sein! Hinweg mit der Schule!

Davon war seine Mutter verständlicherweise überhaupt nicht erbaut. Aber als Heinz eines Tages in die Wohnung in der Schlotthauerstraße 5 gestürmt kam und Mutter Margarethe eröffnete, er habe soeben im Park eine Dame kennengelernt, die ihn mit dem berühmten Schauspieler und Regisseur Friedrich Basil bekannt machen wolle, kapitulierte diese. Denn Basil, diese stattliche Erscheinung mit dem Schnauzbart, war ihr natürlich ein Begriff. Es handelte sich um einen sehr populären Hofschauspieler und Bonvivant, dessen „verschnupftes Sprechen" zu seinem Markenzeichen geworden war. Rühmann studierte es – und übernahm es. Es sollte, neben anderen Einfällen, sein eigenes Markenzeichen in seiner langen Theater- und Filmlaufbahn werden.

Der große Basil empfing ihn, ließ ihn vorsprechen – und winkte ab. „Vielleicht später einmal", ließ er verlauten, „im Moment wüßte ich wirklich nicht ..."

Zu diesem Zeitpunkt hörte der selbstbewußte Heinz schon nicht mehr zu. Er konnte nicht fassen, daß sein leidenschaftlicher Vortrag aus Franz Grillparzers *Weh dem, der lügt* bei dem Charakterdarsteller auf taube Ohren gestoßen war. War denn der Mann trotz seiner Theatererfahrung nicht bei Sinnen? Nie hatte es doch einen temperamentvolleren Auftritt bei einer Talentprobe gegeben, nie größere künstlerische Offenbarungen!

Heinz Rühmann verdrängte die Niederlage. Sein Scheitern lag nicht an ihm, es lag an seinem Zuhörer. Seine schauspielerische Leidenschaft war so gewaltig, daß er seine Leistung nicht realistisch einzuschätzen vermochte. Später hat er sich über den ungestümen Eleven jener Zeit selbst sehr erheitert.

Und er hatte es jener schönen Unbekannten aus dem Park zu verdanken, daß er noch einmal die Chance erhielt vorzusprechen. Eine zweite Chance! Diesmal zügelte er sein Temperament, besann sich auf die Texte, nahm sich zurück – und kam an. Basil klopfte ihm väterlich-gönnerhaft auf die Schulter, strich sich über den Schnauzer, sagte: „Man hat es, oder man hat es nicht!" – und nahm ihn als Schauspielschüler an.

Heinz war selig. Was bedeutete es ihm, daß in Münchens Straßen geschossen wurde, daß nach dem Ende des Weltkriegs der Bürgerkrieg durch die Stadt tobte, daß die ganze Nation in Aufruhr war? Rein gar nichts bedeutete ihm dies. Er war nun Schauspielschüler bei Basil, dagegen kamen Revolution, Konterrevolution, Kriege, Krisen und Katastrophen nicht an!

Und so hat er es ein Leben lang gehalten. Es galt, erst einmal mit dem eigenen, kleinen Bereich zurechtzukommen – die großen oder zumindest groß erscheinenden Dinge überließ er getrost den Paradegäulen der Geschichte!

Für Heinz Rühmann war es nun keine Frage mehr, daß er die Schule – ein Jahr vor dem Abitur – verließ. Sein Unterrichtsraum sollte die Theaterbühne sein, denn auf ihr wartete mehr Wissen, mehr Erfahrung, mehr Weisheit – die Fülle dichterischer Schöpfung. Heinz wußte nur noch nicht genau, in welchem Fach er die Theaterwelt erobern sollte. Als strahlender Liebhaber? Als Abenteurer und Grandseigneur? Als eine Art Harry Piel der Bühne? Im Gewand des Charakterstars?

Sein Lehrer Basil dämpfte – zweimal die Woche – seine Erwartungen. Der erfahrene Mann, der schon einen anderen Schüler, nämlich Adolf Hitler, in dem unterrichtet hatte, was dieser als einziges Talent in seiner provinzösterreichischen Ausstattung besaß, dem dröhnenden Wort, erkannte die Begabung seines neuen Schülers schnell: das quicke, heruntergespielte Agieren, die Betonung gegen den Strich, die schlichte, verschmitzte Pointe.

Don-Carlos-Rollenbücher und faustische Pläne konnte Rühmann bei diesem Lehrer ein für allemal in die Ecke werfen. Der mit dieser Einsicht wirklich große Basil wies ihm den erfolgversprechenden Weg: eher zum Hauptmann von Köpenick als zu Hamlet, Prinz von Dänemark.

Ans Kino dachte der beflissene Schauspielschüler Rühmann in dieser Zeit ebensowenig wie sein Lehrmeister. Der deutsche Stummfilm steckte noch immer in den Kinderschuhen. Pathetische Dramen, frivole Komödien, expressionistische Wahnfilme und Hintertreppengeschichten füllten die Leinwände. Von Kinokunst war – mit Ausnahme der Leistungen von Asta Nielsen, Max Reinhardt und Paul Wegener – noch nicht die Rede. Das neue Medium besaß nur ein unterentwickeltes kreatives Selbstverständnis. Erst im Verlauf der zwanziger Jahre sollte sich dies ändern, vor allem dank der Lichtspiele der Regisseure Ernst Lubitsch, Fritz Lang, G. W. Pabst und Friedrich Wilhelm Murnau (*Nosferatu*, 1922; *Die Nibelungen*, 1924; *Der letzte Mann*, 1924; *Metropolis*, 1927; *Die Büchse der Pandora*, 1929).

Heinz Rühmann begriff sich demnach 1919/20 als Theatereleve und zukünftiger Bühnenschauspieler. Und noch immer als tragischer Held. Diese Marotte hatte ihm sein Lehrer bisher nicht ausreden können. Doch er arbeitete daran. Und eines Tages brachte er Rühmann dazu, den Junker Bleichenwang in William Shakespeares *Was ihr wollt* zu spielen, also die Rolle eines dramatisch auftretenden, jedoch unfreiwillig komischen Herrn, der sich unablässig selbst lächerlich macht. Rühmann war zunächst pikiert, lieferte die Rolle dann jedoch perfekt ab. Zu seinem eigenen Erstaunen brachte dieses „Experiment" seine Karriere schneller auf Trab als alle dramatischen Anstrengungen, die er bis dahin unternommen hatte. Nun gut, man glaubte offenbar, er sei komisch! Wenn dieser lächerliche Irrtum der Vorgesetzten und Kollegen vom Fach ihm nur Engagements einbrachte, dann sollte ihm das recht sein.

Das so ersehnte erste Theaterengagement verschaffte ihm nach seiner Talentprobe als Komiker der Breslauer Theaterdirektor Fritz Gorter. Für achtzig Mark Gage im Monat durfte sich Heinz Rühmann fortan im Olymp wähnen. Er verließ seinen verdienstvollen Lehrer Friedrich Basil in München und schickte sich an, nach Breslau zu reisen. ◆

„In Breslau gehörte ich dem festen Ensemble im Lobe- und Thalia-Theater an. Stolz erzählte ich allen, ich sei gleich an zwei Theatern engagiert! Die Wahrheit war, sie gehörten beide zusammen".

Der Tragische als Tropf

Der Sprung nach Breslau sollte den Start in eine große Zukunft bedeuten, doch was sich ereignete, war der Beginn einer Krankengeschichte. Denn als Heinz Rühmann eines Morgens kurz vor der Abreise in den Spiegel blickte, fand er seine linke Gesichtshälfte gelähmt. Lag es an der Aufregung, am vielen Grimassenschneiden, hatten ihn Viren befallen? Er konnte jedenfalls weder grinsen, kaum sprechen noch irgendeine glaubwürdige schauspielerische Leistung vollbringen – eine Katastrophe!

Sein neuer Arbeitgeber in Breslau, der Theaterdirektor Gorter, wollte diesen jungen Mann, der wie ein Gespenst daherkam, möglichst gleich in den Dekorationen verstecken, er konnte ja nicht jeden Abend „Das Phantom der Oper" spielen!

Heinz Rühmann, die heitere Seele, fühlte sich mit seinem erstarrten Gesicht grabesschwer, und was die Ärzte verlautbarten, heiterte ihn auch nicht auf. Sie sagten: Diese Krankheit gibt es bei jungen Menschen gar nicht.

Heinz mußte sich in Geduld fassen. Grimmig malte er sich aus, wie man, ihm zu Ehren, ein neues Stück mit dem Titel „Des Widerspenstigen Lähmung" aufführen würde! Er wartete ab. Und eines schönen Tages verschwand das Übel auch tatsächlich so unvermittelt, wie es gekommen war. Unser Mime war selig.

Doch die großen Rollen der Saison waren besetzt und damit für ihn verloren. Ihm blieben nur kleine Auftritte. So spielte er am Thalia-Theater einen Arbeiter in Gerhart Hauptmanns *Rose Bernd* und am Lobe-Theater den Dr. Hilti in *Die Büchse der Pandora* von Frank Wedekind. Das waren keine weltbewegenden Auftritte, doch er schnupperte Theaterluft. Aber mehr bot der Spielplan der beiden Gorter-Theater dem Nachwuchsmimen aus Essen nicht. Noch ungünstiger entwickelte sich die Lage, als der Direktor nach Jahresfrist das Theater verließ. Vom neuen Direktor Paul Barnay wurde Heinz Rühmann – als einziger des Ensembles – nicht übernommen.

Da der ehrgeizige Mime dies jedoch vorausgesehen hatte, waren Bewerbungen von seiner Hand schon lange in alle Himmelsrichtungen unterwegs. Und eine hatte Erfolg. In Hannover suchte man einen jugendlichen Liebhaber! Dafür hielt sich Rühmann immer noch und wechselte deshalb angeregt den Spielort. Hannover lag zudem ein bißchen näher an München und damit auch mehr in der Nähe der mütterlichen Fürsorge, die der in der Fremde ausgesetzte Junge noch so dringend benötigte.

An seinem neuen Spielort fühlte sich Heinz Rühmann gleich wohl. Er traf hier auf ein Team von ehrgeizigen, jungen Darstellern und theaterbesessenen Regisseuren. Der Direktor, Ewald Schindler, beglückte sein Publikum mit schnell wechselnden Inszenierungen. Also hatte sein Ensemble alle Hände voll zu tun, und Rühmanns Karriere

„Doch lieber eine falsche Rolle als gar keine!"

kam langsam, aber sicher in Gang, auch wenn seine Kollegen ihm zunächst alle ersten Rollen wegspielten.

Heinz Rühmann trat am 7. Juni 1921 zum ersten Mal vor das hannoversche Publikum, er spielte den Leander in *Des Meeres und der Liebe Wellen* von Franz Grillparzer. Danach folgten unter anderem der Puck im *Sommernachtstraum*, das tapfere Schneiderlein im gleichnamigen Theatermärchen und der Ammenkönig in Max Dreyers *Das Tal des Lebens*. Alles sehr unterschiedliche Aufgaben, die jedoch einen gemeinsamen Grundzug besaßen: Sie forderten Rühmanns komische Ader.

Der junge Theatermime war in Hannover Feuer und Flamme, er spielte sich frei. Dies lag auch daran, daß er auf zwei Kollegen traf, die wie er am Anfang ihrer Karriere standen und ungeheuer ehrgeizig waren: Theo Lingen und Rudolf Platte. Als Trio waren sie unschlagbar und begannen sofort nach dem Zusammentreffen mit dem Aushecken tollster Erfindungen. Alle drei wußten, daß sie es hier schaffen mußten oder nie schaffen würden, und sprühten vor Einfällen.

„Wir spielten alles. Wirklich alles", erinnerte sich Rühmann in seinen Memoiren. „Rudolf Platte den fast tauben Beethoven, Theo Lingen den Ferdinand in *Kabale und Liebe*, und ich war seltsamerweise auf Grillparzer spezialisiert."

Rühmann hatte sich, wie gesagt, als jugendlicher Liebhaber beworben. In dieser Rolle sah man ihn jedoch höchst selten. Ja, es kam im Verlauf seiner jungen Karriere – allerdings nicht in Hannover – sogar vor, daß er in Frauenkleider schlüpfte. So spielte er später, 1925, in der Otto-Falckenberg-Inszenierung des *Sommernachtstraums* an den Münchener Kammerspielen sogar die tumbe Thisbe an der Seite ihres Pyramus.

Doch in seinem Hannoveraner Debüt, in Grillparzers Liebestragödie *Des Meeres und der Liebe Wellen*, hatte man ihn seriös besetzt. Rühmann war entschlossen, seine romantischen Qualitäten unter Beweis zu stellen.

Er hatte jedoch nicht mit dem mysteriösen Theaterschicksal gerechnet, das ihn unbarmherzig in das Rollenfach des Komödianten drängte. Während Heinz in seiner Rolle als Leander dramatisch deklamierte, behinderte ihn der Roßhaarbusch auf seinem Helm. Dieser rutschte nämlich immer wieder vor sein Gesicht, und Heinz mußte ihn wie einen lästigen Fliegenschwarm zurückscheuchen – was nur bewirkte, daß dieses lästige Ding kurz darauf erneut nach vorne fiel.

Heinz war behindert. Wie kann ein ernsthafter Schauspieler mitten in einem dramatischen Monolog ohne Lacherfolg mit der Tücke des Objekts kämpfen? Ohne jenen Lacherfolg, den der Clown anstrebt, der ständig über die Fallstricke des Leben stolpert, auf unsicherem Boden steht und zwischen allen Stühlen sitzt. Die Gegenstände waren

Frühe Porträtfotos von Rühmann zu Beginn seiner Filmkarriere

„... bei Theo (Lingen) lernte ich steppen, und Rudi (Platte) hatte einen Hang zum Russischen und zur Boheme."

nicht mit Heinz-Leander im Bunde. Er konnte sich nicht auf sie verlassen. Sie machten sich selbständig, und wenn er sich auf sie stützen wollte, brach ihre Ordnung zusammen, und sie stürzten den Mimen auf den Boden beziehungsweise in den Abgrund des unfreiwilligen Lacherfolgs.

Bei dem Versuch, diese Niederlage abzuwenden, konnte dem Schauspieler auch sein schmächtiger, nicht großer, wenn auch hochgereckter Körper nicht dienen, obwohl Heinz sich bemühte, durch Grazie abzufangen, was eigentlich ein Niederschlag war. Er reckte sich trotzig dem Publikum entgegen, sprach nun beinahe grollend seinen dramatischen Monolog – und befingerte weiterhin den widerspenstigen Pferdebusch an seinem schmucken Helm. Eine unfreiwillige, aber grandiose Komödiantennummer.

Die komische Begabung, das war's! Rühmann konnte machen, was er wollte, Erfolg hatte er nur, wenn gelacht wurde. Je weniger er darauf aus war, desto mehr amüsierte sich die Menge. Das war doch zum Roßhaarausraufen!

In insgesamt zwölf unterschiedlichen Rollen auf den Bühnen von Hannover tastete sich Heinz Rühmann – mißtrauisch und widerspenstig – an seine wahre Bestimmung heran, sein Publikum zum Lachen zu bringen. Im letzten Quartal des Jahres 1922 sah man ihn am Schauspielhaus in Bremen als Billy Bartlett in *Der Mustergatte* von Avery Hopwood – da hatte er sich dem Theatergeschick schon ergeben und seine eigentliche Begabung akzeptiert. Hannover hatte er verlassen müssen, als das Residenztheater seine Pforten für immer schloß. Bei der Suche nach neuen Engagements zeichnete ihn jetzt mindestens eines aus: Er wußte nun immerhin, was er konnte.

Die Theatersaison 1922/23 hatte jedoch unter der allgemeinen Wirtschaftskrise zu leiden. Die Inflation ruinierte das Geld. Jeder Reichsbürger kämpfte ums Überleben. Fürs Theater konnten keine großen Ausgaben gemacht werden. In ökonomischen Notzeiten ist es immer die Kultur, die zuallererst leidet. Kürzungen in den Etats hatten zur Folge, daß die Spielpläne gerade soeben noch über die Bühne gehen konnten. Aber je mehr man sich dem Höhepunkt der Inflation näherte, desto wertloser wurden die Honorare. Bald bestanden sie nur noch aus Naturalien. Eine Wurst für den Hamlet, ein Glas Bier für Horatio, ein Brot für Thisbe. Shakespeare, der in Zeiten der Not für Kunst und Schauspieler gelebt und gearbeitet hatte, wäre dies normal vorgekommen, aber Heinz Rühmann, der mitten im 20. Jahrhundert im Deutschen Reich der Weimarer Republik lebte, war bisher davon ausgegangen, mit der Schauspielerei reich und berühmt werden zu können. Nun knurrte ihm der Magen, und das Kostüm des Junkers Bleichenwang wärmte seine schmächtigen Glieder nicht.

„Kariert, mit lila Socken, lila Band am Strohhut und kleinem Spazierstock. Ich fand mich chic."

Mitten in dieser schrecklichen Zeit stand Heinz Rühmann plötzlich auf der Straße. Seine Darstellungswut hatte auf einen Schlag kein Objekt mehr, das er hätte bearbeiten können. Was tun? Erst einmal heim nach München, wo Mutter Margarethe eine ordentliche Schmalzstulle schmierte.

Natürlich nahm die Mutter ihren Sohn liebevoll auf, steckte ihn in sein altes Jugendzimmer und tröstete ihn in seiner Beschäftigungslosigkeit. Sie bestärkte ihn dabei, es unermüdlich weiter zu versuchen. Und so schickte Heinz ein Bewerbungsschreiben nach dem anderen durchs Reich.

Doch zunächst ohne Erfolg. Daß er kein Basil war, wußte er selbst, aber wenn er genauer überlegte, konnte er wirklich nicht allzuviel vorweisen, was die Herren Intendanten und Regisseure hätte begeistern können. Jugendlicher Liebhaber mit einer komödiantischen Ader mitten in den Bürgerkriegszeiten? Es gab Wichtigeres. Und unser Schauspieler begann, sehr, sehr stark an sich selbst zu zweifeln. Er ging in sich. Und das brachte ihn auf eine neue Idee.

Er wollte nicht mehr hoch hinaus, sondern bei sich selbst bleiben. Es galt, die Fertigkeiten und Fähigkeiten, die er tatsächlich besaß, zu erkennen, zu bündeln, zu nutzen. Kleine Brötchen backen nannte man das auch.

Mit dieser neuen Einstellung ausgestattet, erreichte er nun auch eine neue Anstellung. Sogar gleich vor der Haustür – warum in die Ferne schweifen? Am Münchener Schauspielhaus und bei der Bayerischen Landesbühne, einem gehobenen Wandertheater, erbarmte man sich des jungen Mimen, und im Jahr 1923 konnte Rühmann wieder loslegen. Er spielte zwar nicht Goethe, sondern den Schneider Wibbel, aber was bedeutete das schon, wenn er nur seinen geliebten Beruf ausüben durfte? Für einen Schauspieler ist nur eins wichtig: spielen.

Deshalb machte es ihm auch weniger aus, als er sich je vorgestellt hatte, daß die Bayerische Landesbühne Tourneen in die Provinz organisierte, wo es galt, vor Bauern und Mägden zu spielen. Dies war Volkstheater im besten Sinne, allerdings aus der Not geboren. Denn da die Massen nicht mehr ins Theater kamen, mußte dieses eben zu den Massen gehen. Daß sich das Niveau der gegebenen Stücke im Geruch der Misthaufen ganz leicht senkte, kann man verstehen. Aber auch bei der Darstellung im Dorfgasthaus, in Scheunen und Bürgerhäusern galt: Wer spielt, hungert nicht – weder nach Würsten noch nach Sinn. Ein spielender Schauspieler vergißt die Welt um sich herum, sein Magen knurrt nicht mehr, und die Fragen nach den höheren Dingen sind ihm im Moment egal. ◆

Maria

Zur weiblichen Besetzung des tourenden Ensembles gehörte – neben der jungen, später weltberühmten Therese Giehse – eine Frau, zu der Heinz Rühmann aufschaute. Dies war zwar kein Wunder, denn Maria Bernheim war zehn Zentimeter größer als er. Aber auch im übertragenen Sinne hielt Rühmann sie für eine große Frau. Die Bernheim, die unter dem Künstlernamen Maria Herbort spielte, sehr gescheit war und aus gutem Hause stammte, schien ebenfalls von ihrem neuen, kleinen Kollegen fasziniert zu sein. Es funkte zwischen den beiden – auf der Bühne und außerhalb des Theaters. Sie ergänzten sich vortrefflich – und entschieden zu heiraten.

Am 9. August 1924 – Rühmann stand am selben Abend in der Premiere des Stücks *Die Erwachsenen* auf der Bühne – schlossen die beiden auf dem damaligen Standesamt München I. am Petersberg den Bund fürs Leben – so war es jedenfalls in dieser Situation gedacht. Heinz hatte die einst angestrebte Rolle des jugendlichen Liebhabers von den Brettern, die ihm die Welt bedeuteten, aufs bürgerliche Wohn- und Schlafzimmer verlagert. Im Alter von zweiundzwanzig Jahren war er tatsächlich ein richtiger Ehemann geworden.

Jetzt schien sich alles von selbst zu fügen. Heinz Rühmann war glücklich verheiratet, hatte inzwischen einen festen Vertrag mit dem Münchener Schauspielhaus in der Maximilianstraße ergattert und wußte, wer er war. Wer war er? Ein jugendlicher Komiker von 1,68 Meter Körpergröße, der bereits unvergleichlich gegen den Strich einer Rolle spielen konnte. Ein Darsteller, der im Umgang mit Requisiten erfahren war und daraus komische Wirkungen ziehen konnte, ein sprechtechnisch versierter Mime, der sich für keine Rolle zu schade war. Ein junger Schauspieler mit Erfahrung.

„Ich schwamm auf einem rosa Wölkchen, denn ich hatte entdeckt, daß es Mädchen gibt. Reichlich spät, mit zwanzig Jahren!"

Meine Tochter und ich

Dr. med. Hiob Prätorius

Nanu, Sie kennen Korff noch nicht?

Frauen

Fünf Millionen suchen einen Erben

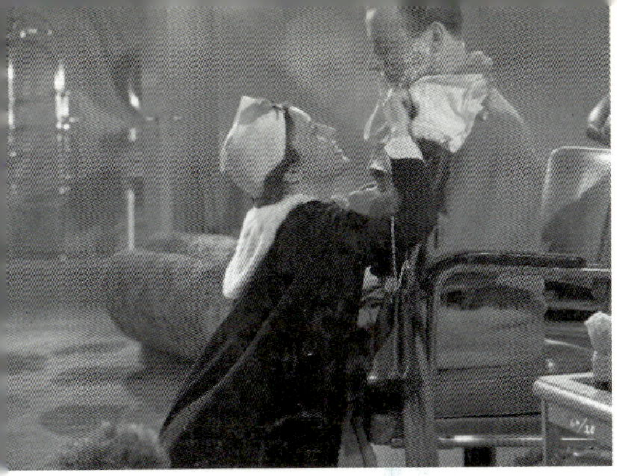

Der Mustergatte

Der Mann, der nicht nein sagen konnte

Der Mann, der nicht nein sagen konnte

Die Finanzen des Großherzogs

Ich vertraue dir meine Frau an

Der Florentiner Hut

Der Florentiner Hut

Der Florentiner Hut

Der Mustergatte

Der Schauspieler, der nach eigenen Aussagen erst mit zwanzig Jahren die Frauen und damit die Liebe entdeckte, spielte auf der Leinwand den Liebhaber und Ehemann in vielen Varianten. In den Szenenfotos auf dieser Doppelseite sind einige festgehalten. Rühmann, der Mann der Frauen: mal neckisch, mal hilflos, mal schmeichelnd, mal draufgängerisch – und fast immer äußerst liebenswert.

Strich durch die Rechnung

Wir werden das Kind schon schaukeln

Heinz im Glück

Szene aus Rühmanns Debütfilm *Das deutsche Mutterherz*

Bei der Direktorin Hermine Körner am Schauspielhaus fühlte sich Rühmann wie im siebten Himmel. Später stand er mit der hochberühmten Schauspielerin auch zusammen auf der Bühne. Er selbst erinnerte sich anläßlich des fünfundzwanzigjährigen Jubiläums der Münchener Kammerspiele an diese Zeit:

„Nun kam eine Zeit, ... die zu den schönsten Jahren zählt, die zum ‚richtigen Theater' gehören! Alle drei Wochen eine Premiere, bei aller Arbeit eine Fröhlichkeit, Unbekümmertheit, Zusammengehörigkeit unter allen, die keine ‚Kollegen', sondern Freunde waren! Es war ein Theater im wahrsten Sinne, das nicht wiederkommt und deswegen einmalig war!"

Obwohl sich Rühmann ganz und gar als Theatermann sah, war es nicht verwunderlich, daß der Film auf ihn aufmerksam wurde. Zwar war man sich darüber im klaren, daß ein wesentlicher Teil der Wirkung Rühmanns, die komische Sprechweise, im Stummfilm fehlen und damit seine Wirkung beeinträchtigen würde. Aber Regisseur Geza von Bolvary-Zahn hielt den Rühmann-Rest für ausreichend und besetzte Heinz im Jahr 1926 für zehn Tage à fünfzig Mark als problematischen Sohn eines deutschen Mutterherzens. Letzteres stand im Mittelpunkt der Schmonzette, die in den Glasateliers in der Ungererstraße gedreht werden sollte und den nicht überraschenden Titel *Das deutsche Mutterherz* bekam. Rühmann hielt sich in einer bescheidenen Rolle eher am Bildrand auf. Das Mutterherz verkörperte Margarete Kupfer, mit von der Partie waren daneben Vera Veronina, Ellen Kürti, Julius Messaros und Helene von Bolvary.

Die Rolle des Tunichtguts war gräßlich, aber die Gage göttlich. Also nahm Heinz in Kauf, daß seine eigene Mutter später, als er sich mit ihr den Film ansah, schockiert das Kino verließ, Schein und Sein identifizierend und ihren Heinz für ein abgründiges Scheusal haltend. Der Sohn lief ihr nach und tröstete sie, jedoch vorerst vergeblich. Mutter Rühmann wähnte, eine Natter an ihrem Busen genährt zu haben! So mißraten war der Sohn Oskar, den Heinz verkörperte, und so naiv war die Frau, die hier der Macht des Films und seinen scheinheiligen Illusionen nachdrücklich erlag.

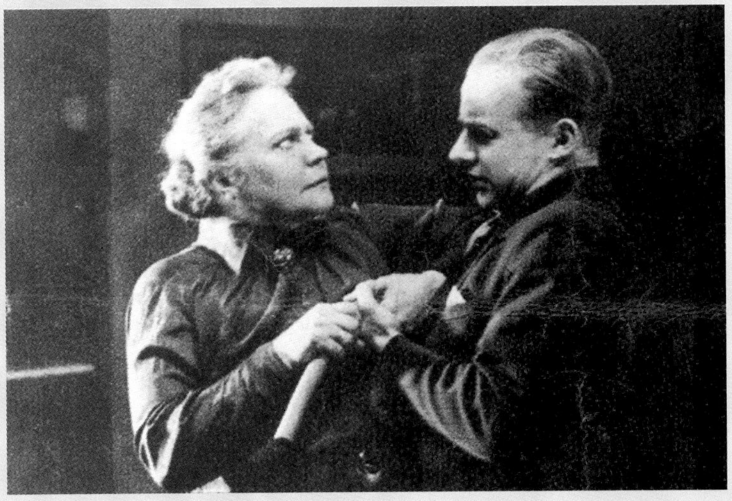

Das deutsche Mutterherz

Doch Heinz befand sich in einer Glückssträhne. Die Filmindustrie bot ihm Rollen, und er konnte am Theater jetzt zwischen zwei Engagements pendeln. Seine alte Anstellung am Schauspielhaus neigte sich 1925/26 dem Ende entgegen, eine neue an den Kammerspielen entwickelte sich gerade vorteilhaft.

Die Kammerspiele in der Augustenstraße waren ein sehr gut geführtes Haus, und Heinz Rühmann brachte in die Rollen, die er hier spielen sollte – von Johann Nestroy über Arthur Schnitzler bis Oscar Wilde, vor allem aber in modischen französischen Dreieckskomödien –, seine inzwischen beinahe ausgereifte komische Wirkung ein. Intendant Otto Falckenberg unterstützte den Schauspieler dabei, dieses Talent zu entwickeln, und so konnte Rühmann jetzt wirkliche Theatererfolge feiern.

Der Nachwuchsmime entwickelte hier auch die Kunst des Entertainers, zwischen den Zeilen zu improvisieren, er verband Theater und Kabarett, plauderte plötzlich launig los, löste sich vom Text, verschwand dann wieder ganz im Stück und schaffte auf diese Weise beinahe ein neues Genre. Die Ein-Mann-Nummer Heinz Rühmann war bald das Stadtgespräch von München.

Man kann diese Zeit, in der Rühmann an den Kammerspielen engagiert war, als seinen Durchbruch bezeichnen. Er eroberte sich eine ausgedehnte Fangemeinde, die seine spezielle, natürliche Art zu spielen liebte, und sein Selbstbewußtsein schien gefestigt. Diese Phase hielt bis zum Frühjahr 1927 an. Dann wechselte der Schauspieler nach Berlin, gab in Wien und Salzburg Gastspiele, kehrte jedoch im Herbst des gleichen Jahres wieder an die Kammerspiele zurück, um nunmehr alternierend in Berlin und München aufzutreten.

Auch der Kintopp hatte wieder bei ihm angeklopft. Regisseur Kurt Bernhardt, der später, nach der „Machtergreifung" der Nazis, in die USA flüchtete und als Curtis Bernhardt mit Filmen wie *Konflikt* (Conflict/Tatort Springfield, 1943), *Hemmungslose Liebe* (Possessed, 1946) oder *Sirocco* (1951) eine große Karriere machte, dieser Regisseur wollte Heinz Rühmann. Er drehte im Jahr 1927 das Lichtspiel *Das Mädchen mit den fünf Nullen*, zu dem der berühmte Filmautor und Theoretiker Béla Balász das Drehbuch geschrieben hatte. Der Film erzählt im Stil der sogenannten Neuen Sachlichkeit die Geschichte mehrerer Menschen, die Lotterie spielen und auf das große Los hoffen. Die Fachzeitschrift LICHTBILDBÜHNE schrieb am 3. Dezember 1927 dazu:

„Das alles wird in einer netten, kultivierten und durch die Regieführung in Milieu und Darstellung überzeugenden Art so erzählt, daß man recht gern, bald gespannt, bald amüsiert, sich davon unterhalten läßt."

Rühmann unterhielt mit. Nach der Uraufführung am 2. Dezember 1927 im Picadilly-Kino in Berlin lobte man ihn allenthalben, auch wenn er nur eine Nebenrolle zu spielen hatte und im Ensemble, aus dem die Hauptdarsteller Elza Temary und Marcell Salzer herausragten, eher verschwand. Aber sein Gesicht und seine typischen Bewegungen blieben haften.

Mit den Erfolgen bei Bühne und Film hielt auch Rühmanns Privatleben Schritt. Er verdiente gut, konnte sich als Autonarr einen Peugeot Vierzylinder leisten und eine schöne Wohnung – und seine Ehe mit Maria Bernheim war von gegenseitiger Liebe und kollegialer Anregung geprägt.

Die großen Kritiker jener Jahre, die in der Hauptstadt Berlin saßen, gingen wohlwollend mit Heinz Rühmann um, der, wenn er in Berlin auftrat, was zwischen 1927 und 1933 immer häufiger geschah, an einer der drei Max-Reinhardt-Bühnen große Klassikerrollen übernahm. Ohne Zweifel war Rühmann gegen Ende der zwanziger Jahre schon ein Theaterstar, der mit seinen Talenten wucherte. Die Balance zwischen diesen auseinanderstrebenden Talenten zu halten, darin bestärkte ihn immer wieder die unersetzbare Gattin Maria. Mit seiner Frau trat Rühmann manchmal auch gemeinsam vor die Rampe, so unter anderem in Carl Zuckmayers Schauspiel *Der Fröhliche Weinberg*.

Rühmann spielte – hauptsächlich in München und Berlin – in lockerer Folge Lockvögel, Mustergatten, Fuhrmänner, Landjunker – und Charleys Tante. Die letztgenannte Rolle sollte zu einem der Markenzeichen des begabten Komödianten werden, der sich auf unwiderstehliche Weise in Kostüme einkleidete und in Masken schlüpfte, die seinem Publikum Begeisterung entlockten. Denn dieses sachverständige Publikum spürte, daß Komik eine große Kunst ist und leicht danebengehen kann. „Wahre Heiterkeit ist eine ernste Sache", wußten schon die antiken römischen Dichter, und Heinz Rühmann knüpfte an diese Erkenntnis an.

> „Einmal war während des Spiels Unruhe im Parkett, ein Zuschauer mußte aus seiner Sitzreihe herausgeführt werden. Er hatte sich beim Lachen die Kinnlade verrenkt."

Auch hinter den Kulissen war dieser Darsteller immer für einen Spaß zu haben, was die Kollegen an ihm schätzten. Sicher spielte sich der kleine Mann manchmal arg in den Vordergrund, aber ebenso oft verhielt er sich solidarisch, wenn es darum ging, Kollegen zu ermuntern und zu fördern. So machte er beispielsweise für Marlene Dietrich überall Propaganda. Er hatte mit der Revue- und Musicaldarstellerin, die bereits als „Girl vom Kurfürstendamm" einen gewissen Ruf hatte, in George Bernard Shaws *Eltern und Kinder* zusammengespielt und war von ihren schönen Beinen, die sie gerade bei Lloyds in London versichert hatte und hier ausgiebig zeigen durfte, hingerissen. Darüber hinaus imponierte ihm jedoch die „sanft gefährliche Weiblichkeit" der Nachwuchsdarstellerin, die schon der Schriftsteller Franz Hessel notiert hatte. Rühmann ging während des gemeinsamen Engagements an der Reinhardtschen Komödie abends oft mit Marlene aus. Am nächsten Tag erzählte er jedem, der es hören wollte, was für ein „tolles Weib" die neue Diva sei. Und das hatte offensichtlich nicht mehr als rein kollegiale Hintergründe, denn Marlene Dietrich war damals mit Josef Sieber verheiratet und hatte eine zweieinhalbjährige Tochter.

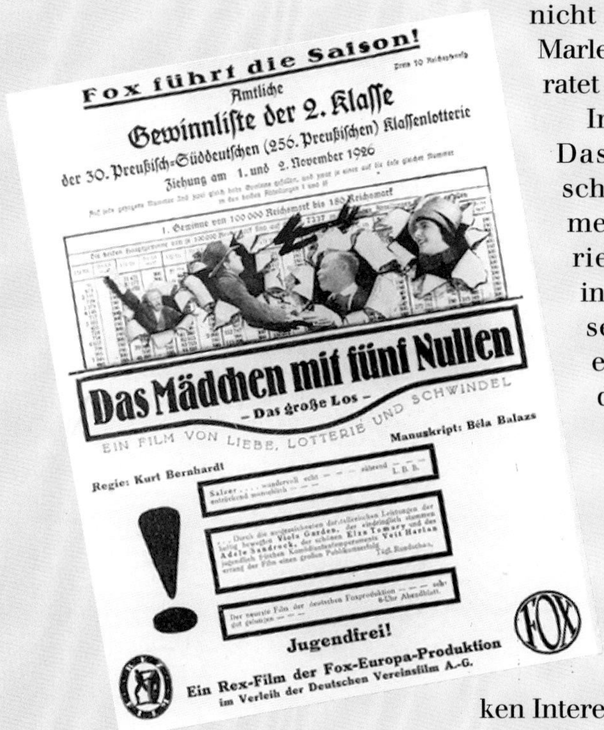

Die Ankündigung für Rühmanns zweiten Film *Das Mädchen mit den fünf Nullen* ...

Im Herbst 1928 starb Heinz Rühmanns Mutter. Das bedeutete für den Schauspieler einen so schmerzlichen Verlust, daß er einige Zeit nicht mehr konzentriert arbeiten konnte. Andererseits rief dieser Schicksalsschlag einen neuen Ton in seiner Darstellung hervor, den er im Verlauf seiner langen Karriere sukzessive verstärkte: eine leise Melancholie, die Trauer und Wehmut des kleinen Mannes, der unter der Maske des Clowns heimlich weint.

Das Jahr 1930 kam heran. Es brachte für den Schauspieler drei einschneidende Ereignisse. Zum einen erschien er in der Rolle des Cecil Sykes aus Shaws Lustspiel *Soll man heiraten?*, das in Berlin einen großen Erfolg einheimste, zum ersten Mal auf einer gedruckten Starpostkarte. Zum anderen gab er seinem starken Interesse für Flugzeuge und das Fliegen, ja für moderne Technik überhaupt, nach. Rühmann machte den Flugschein. Und erlernte damit ein „Handwerk", das ihm später viel Freude und auch viel Ärger einbringen sollte.

Bei dem Kampfflieger Eduard von Schleich, und später bei anderen Ausbildern, machte sich der Nachwuchsflieger von der Erdenschwere und vom Bühnenstaub frei, den er nun schon zehn Jahre lang schluckte. Er erhob sich in die Wolken. Zunächst in Simulation. Dann in der Praxis. In einem kleinen Propellerflugzeug bestand er die letzte Prüfung – ein Jugendtraum hatte sich damit erfüllt.

Das dritte Ereignis von Rang war der Film *Die Drei von der Tankstelle.*

...und ein Foto aus einer Szene, die die Zensur wegen Anzüglichkeit verbot.

Unter der Regie von Wilhelm Thiele erzählte das Lichtspiel – einer der ersten deutschen Tonfilme – die Geschichte von drei Freunden (Rühmann, Willy Fritsch, Oskar Karlweis), die eine Tankstelle eröffnen und um dasselbe Mädchen (Lilian Harvey) buhlen. Der Film entstand in einer Zeit, die noch keine Synchronisation kannte, in drei Sprachversionen gleichzeitig.

Rühmann, der von dem großen Produzenten Erich Pommer für diesen Film gewonnen wurde, hatte bei den Probeaufnahmen zunächst Lampenfieber und gefiel den Verantwortlichen der Universum-Film-AG (Ufa) gar nicht. Nachdem er einmal engagiert war, lieferte er jedoch als Rollenfigur Hans in Knickerbockern eine seiner schönsten Leistungen.

Auch für seine Kollegen Lilian Harvey und Willy Fritsch bedeutete der Film einen erfolgreichen Karrierestart. Die beiden galten seitdem, obwohl man sie bereits bei zwei gemeinsamen Auftritten gesehen hatte, als Star-Duo des deutschen Tonfilms. Danach traten sie noch achtmal zusammen auf, sangen, tanzten und spielten sich besonders durch Filmoperetten, galten als ideales Paar, als Inbegriff einer tänzerischen und stimmlichen Anmut und Heiterkeit, die kein noch so bemühter Realismus zum Schweigen bringen konnte.

Die Dreharbeiten in Berlin-Babelsberg dauerten drei Monate. Erstmals konnten bei dieser Produktion Musik und Handlung zu einem völlig neuen Darstellungsstil verschmolzen werden, mit dem die berühmte Ufa-Tonfilmoperette entstand. „Das bedeutete nichts anderes“, schrieb der Filmpublizist Oskar Kalbus, „als die Entdeckung einer neuen deutschen Filmgroteske.“ Und für alle Beteiligten war der Film ein sowohl künstlerischer als auch geschäftlicher Erfolg ersten Ranges.

Heinz Rühmann erinnerte sich später: „Viel ist geschrieben worden, um den Erfolg dieses Films zu ergründen. Wie so oft beim Film: Ganz genau weiß man es weder vor- noch nachher. Aber sicher trug dazu bei, daß er im Alltagsmilieu spielte, die Sorgen, die damals die Menschen hatten, auf die Schippe nahm und mit ins Ohr gehenden Melodien Optimismus verbreitete. Handlung und Gesang entwickelten sich harmonisch.“

Und im Deutschen Reich sang man deshalb bald landauf, landab die von Werner Richard Heymann komponierten Lieder des Films. Rühmann investierte die siebentausend Reichsmark Gage, die er für seine Rolle einkassiert hatte, in den geplanten Ankauf eines kleinen, eigenen Flugzeugs. Es konnte zu dieser Zeit passieren, daß der Schauspieler zu seinen abendlichen Bühnenauftritten, wenn auch noch nicht im eigenen Flugzeug, einschwebte – für einen erfolgreichen Schauspieler muß die Freiheit über den Wolken grenzenlos sein, und Rühmann sonnte sich in seinem frischen Ruhm. Er flog die richtige Linie.

Ein zweiter Ufa-Film mit seiner Beteiligung hatte noch im gleichen Jahr, nämlich am 16. Dezember 1930, Premiere. Es handelte sich um die musikalische Komödie *Einbrecher*. Rühmann spielte einen gelackten Frauenhelden mit Mittelscheitel und Monokel. Und wieder waren Lilian Harvey und Willy Fritsch mit von der Partie, daneben noch

Rühmann mit Lilian Harvey in der deutschen Fassung des Tonfilms *Einbrecher.* Viele Filme mit dem Operettenstar Harvey wurden damals, als man noch keine Synchronisation kannte, in mehreren Fassungen mit jeweils einer anderen Sprache gedreht.

Oskar Sima, Paul Henckels und Ralph A. Roberts. Friedrich Hollaender schrieb die Musik, und Hanns Schwarz inszenierte.

Bei diesem Tonfilm besaß Rühmann bereits einen Jahresvertrag von der Ufa, die begriffen hatte, was für eine Perle sie mit diesem Komödianten besaß. Und wieder bestimmte der Schauspieler den Erlös aus seiner Rolle für sein ersehntes kleines Flugzeug, eine offene „Klemm 25" mit Salson-Sternmotor, mit der er probehalber schon mal in den siebten Himmel entschwebte. ◆

Der leidenschaftliche Hobbyflieger mit seinem Traumflugzeug, einer offenen „Klemm 25" (Fotos: Terra).

Finanzielle Träume und der Film

> „Also filmte ich. Wahllos.
> Nur wenige Titel verdienen,
> der Vergessenheit entrissen
> zu werden."

Obwohl Heinz Rühmann weiterhin am Theater sein Glück suchte, zwischen Berlin und München hin und her pendelte und sich als Volksschauspieler für ein kunstbeflissenes, bürgerliches Publikum verstand, wußte er, daß seine finanziellen Träume nur mit dem Kinofilm realisierbar waren. „Also filmte ich. Wahllos." – erzählte er später. Diese finanziellen Träume teilten damals auch andere Schauspieler, unter die Rühmann sich nun mischte.

Dem deutschen Film standen in jenen Jahren attraktive Stars, bedeutende Regisseure und kompetente Handwerker zur Verfügung. Die ersehnte internationale Reputation hatten bereits monumentale, historische Ausstattungsfilme wie *Madame Dubarry* (1919), *Anna Boleyn* (1921), *Das indische Grabmal* (1921) oder *Das Weib des Pharao* (1922) gebracht. Und obwohl sich zahlreiche Filmschaffende wie Lubitsch, Murnau, Pola Negri und Emil Jannings von Hollywood abwerben ließen, waren deutsche Filmstudios in den gesamten zwanziger Jahren auch für europäische Filmemacher reizvoll. In Neubabelsberg oder Geiselgasteig bestanden technische Standards, von denen andere Filmländer nur träumten. Daran hatten auch die Gelder des amerikanischen Dawesplans, mit denen die deutsche Wirtschaft angekurbelt werden sollte, ihren Anteil. Sie vergoldeten das Leben der Weimarer Republik in den fünf Jahren der Stabilisierungsphase zwischen 1924 und 1929.

Wenn auch allen hochgespannten Erwartungen der deutschen Filmindustrie der New Yorker Börsenkrach von 1929 ein vorläufiges Ende setzte und weitere Dollars ausblieben, ein neuer, unverschämter Optimismus machte das wett. „Es wird schon wieder besser", lautete die Devise und ein Filmtitel mit Heinz Rühmann aus jener Zeit (1932). Unterhaltungsfilme wie *Die Drei von der Tankstelle* färbten die deutsche Welt wieder schön, in ihnen wurde nicht belehrt, sondern geträllert. Die Lebenslust ihrer Bilder steckte an, und das Publikum hatte bald den Eindruck, es habe den Filmemachern die Sprache verschlagen, so sangesfroh ging es auf der Leinwand zu. Mit Filmen dieser Art erlangte der deutsche Film seine europäische Geltung zurück und stabilisierte vor allem seine Konten.

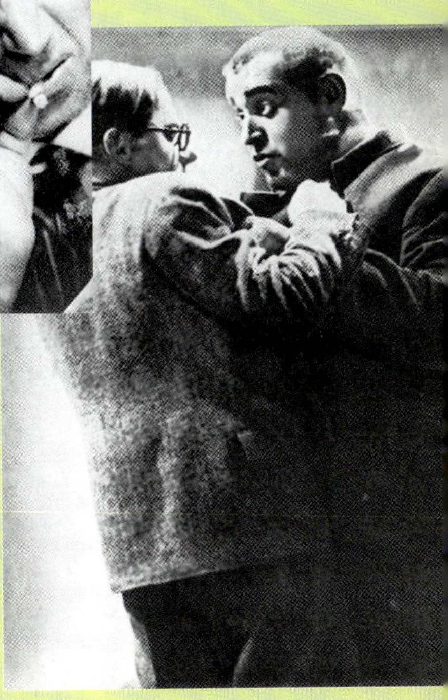

Zwei Szenen aus *Der Mann, der seinen Mörder sucht.*

Werbeseite für den Allianz-Film *Man braucht kein Geld*, in dem Rühmann den pfiffigen Bankangestellten Schmidt spielte

Heinz Rühmann war, neben anderen, der ideale Darsteller in Unterhaltungsfilmen dieses Geistes. „Im Lande herrschte Wirtschaftskrise", erinnerte sich Rühmann später an jene Jahre. „Ich merkte mit meinen achtundzwanzig Jahren nicht viel davon, auch daß sie der Hintergrund für unseren heiteren Film war, wurde mir nicht bewußt. ... Wirtschaftliche Sorgen – mit Musik und Tanz gemeistert."

Das Jahr 1931 verlief für Rühmann so, wie 1930 aufgehört hatte. Er spielte Theater in München und filmte für die Ufa in Berlin.

Die Ufa, Rühmanns finanziell attraktivster Arbeitgeber, bestand bereits seit dem Kriegsjahr 1917. Mit krätiger Regierungsbeteiligung gegründet, war diese Produktionsfirma dazu ausersehen, die Propagierung deutscher Werte und deutschen Wesens voranzutreiben. Nach dem verlorenen Ersten Weltkrieg konnten es die Deutschen der Ufa danken, daß ihr Land schnell erneut „Weltmacht" wurde – eine der Leinwand. Denn politisch und wirtschaftlich gesehen lag Deutschland darnieder. Aber auf dem kulturellen Sektor vollzogen sich bahnbrechende Entwicklungen, und hier mischte die Ufa mit. Sie brachte künstlerischen Glanz – bevor sie in den dreißiger Jahren mit den Nazis paktierte und erneut Propagandaaufgaben erfüllte.

Auch für einen Schauspieler wie Heinz Rühmann begann nach 1933 die problematische Zeit der Auseinandersetzung mit der faschistischen Massenbeeinflussung von der Leinwand herab. Zum Glück war es noch nicht ganz soweit. Es blieben zwei Jahre, in denen Rühmann schöne und auch gute Filme realisierte, die frei von ideologischem Getöse waren.

Dazu gehörten Lichtspiele wie *Der Mann, der seinen Mörder sucht* (1931) unter der Regie von Robert Siodmak, *Meine Frau, die Hochstaplerin* (1931) von Kurt Gerron, *Bomben auf Monte Carlo* (1931) von Hanns Schwarz und auch *Der brave Sünder* (1931) unter der Regie von Fritz Kortner.

Im Film von Robert Siodmak übernahm Rühmann seine erste wirkliche Hauptrolle. Er stellte einen jungen Mann namens Hans Herfort dar, der unter der Last der schweren Zeiten stöhnt. Er beschließt, sich aus dem Leben zu empfehlen, und beauftragt einen Ganoven, ihn zu erschießen. Bis es dazu kommt, erwachen jedoch seine Lebensgeister wieder – er steckt im Dilemma. Ein Filmstoff, der in der Filmgeschichte noch einige Male auf die Leinwand gebracht wurde, zuletzt von Aki Kaurismäki im Jahr 1991.

Der Film war tragikomisch, aber nicht erfolgreich. „Wir amüsierten uns derart über unsere eigenen Gags", schrieb Rühmann zu diesem Thema, „daß wir vor Lachen oft die Aufnahme abbrechen mußten. Als der Film in die Kinos kam, lachte kein Mensch mehr."

„Schrecklich, wie viele Fehler und Ungenauigkeiten man nach so vielen Jahren in Filmen entdeckt, und man fragt sich, warum niemand damals, als der Film entstand, darauf gekommen ist."

Ganz anders sah es mit *Bomben auf Monte Carlo* aus. Hier ging es um den „Helden der sieben Weltmeere", Kapitän Craddock, gespielt von Hans Albers, und um seinen Offizier Peter Schmidt, den Rühmann gab. Draufgänger Craddock stellt Monte Carlo auf den Kopf, und als er sein Geld in der Spielbank verliert, droht er mit Krieg und Zerstörung. Das Ganze ist jedoch nicht so ernst gemeint, wie es klingt, und vor allem Hans Albers machte sich einen Riesenjux daraus, als der blonde Kerl von der Waterkant, der er war, durch dieses romantisch-komische Seeabenteuer zu poltern. Rühmann kam mit dem Kraftkerl blendend zurecht, obwohl beide sich in jeder Hinsicht unterschieden. Sie ergänzten sich, ließen schauspielerische Funken sprühen und machten den Film zu einem Kassenerfolg. Dazu trug auch der Schlager „Das ist die Liebe der Matrosen" bei, ein Plattenbestseller der Saison.

Albers war zu jener Zeit unumstritten der Hauptdarsteller eines jeden Films, in dem er auftrat. Mehr als ein Jahrzehnt lang war er mit schwerem Schritt und einer Blume im Knopfloch als Gauner, Verführer, Schieber oder fragwürdiger Gentleman über die Stummfilmleinwand gegangen, und auch in seinem ersten Tonfilm war er, so sah er es selbst, „noch immer der zynische, leichtsinnige Hund". Der deutsche Kintopp feierte ihn als die ideale Verkörperung des „Hoppla, jetzt komm ich!" In Filmen wie *Bomben auf Monte Carlo*, wo er die besonnenen „Käpt'n-bay-bay-Untertöne" von Wehmut und Fernweh unvergleichlich mit dem unverschämten Ritt eines Münchhausen auf der Kanonenkugel verbinden konnte, kam er am besten zur Geltung.

Rühmann bildete, wie gesagt, eine vortreffliche Ergänzung zum blonden Hans, und deshalb traten sie später noch mehrmals gemeinsam auf.

Einer der sympathischsten Filme Rühmanns vor dem Beginn des „Dritten Reichs“ war der Streifen *Es wird schon wieder besser*, der am 6. Februar 1932 Premiere hatte. Rühmann spielte einen Diplomingenieur namens Fred Holmer, der sich recht und schlecht durch die schwierigen Zeiten nach der Weltwirtschaftskrise windet, einen Mann von der Straße gewissermaßen, der die Sorgen und Nöte der Kinogänger verkörperte.

An der Seite von Paul Otto und Dolly Haas lieferte Rühmann eine schlichte, identifikationsfähige Darstellung, die frei war von Manierismen und dem Zwang, komische Wirkung um jeden Preis zu erzeugen. Er brauchte nicht zu übertreiben, sich nicht um Klamauk zu kümmern, sondern konnte leise und zurückgenommen agieren. Die Berliner MORGENPOST befand daraufhin, der Schauspieler habe „eine seiner bisher besten Leistungen“ gezeigt.

Die Verhältnisse in der Weimarer Republik wurden natürlich nicht dadurch besser, daß man sie angemessen auf die Leinwand brachte. Das wußte auch Heinz Rühmann. Dennoch waren die Zuschauer ihm dafür dankbar, daß er einen von ihnen spielte. Sozialer Realismus war auf der deutschen Kinoleinwand jetzt mehr denn je gefragt.

Das begriffen auch die Filmemacher und befaßten sich Ende der zwanziger, Anfang der dreißiger Jahre mit den Nöten der einfachen Leute. Es war verständlich, daß sich Lichtspiele mit sozialen Themen ästhetisch an den sowjetischen Revolutionsfilmen orientierten, die, wie Sergej M. Eisensteins *Panzerkreuzer Potemkin* (1925), bereits in ausverkauften deutschen Kinos kreuzten. Neben *Mädchen in Uniform* (1931) oder *Der Hauptmann von Köpenick* (1931), die die erzieherische Autorität und den preußischen Kastengeist anprangerten oder lächerlich machten, taten sich Filme hervor, die das Arbeitslosenproblem (*Jenseits der Straße*, 1929) oder den Alltag von Arbeitenden aufgriffen (*So ist das Leben*, 1929). In dieser Reihe von Filmproduktionen hatte auch Rühmanns *Es wird schon wieder besser* seinen angestammten Platz.

All dies waren Filme, die außerhalb der Studios gedreht wurden. Die Filmemacher wandten sich dorthin, wo sich jetzt die wichtigsten Bewegungen zeigten: Sie gingen auf die Straße. Die Straße, als „antibürgerlicher“ Ort, fand in den Filmen der Weimarer Republik generell und vor allem in ihrer Endzeit ihren bis dahin oft unterschätzten Platz. Doch als das Ende der Weimarer Republik kam, hatten die Straße und der Alltag der Menschen als Motive des Films ausgespielt. Die „reale“ Straße triumphierte und regierte mit Terror in Deutschland, und das sah weniger kinowirksam aus.

Mit der kessen Dolly Haas in dem Film der Stilrichtung Neue Sachlichkeit: *Es wird schon wieder besser*. Was damit 1932, in den Zeiten von Wirtschaftskrise und heraufziehendem Nationalsozialismus, gemeint war, begriff jeder Kinogänger

Am 2. Februar 1933, drei Tage nach der Machtübergabe an die Nazis, sah Berlin die Premiere von *Morgenrot*. Der Film über den Ersten Weltkrieg verquickte Liebesleid und das Töten im Feld so effektvoll miteinander, daß pazifistische Werke und Ideale in Vergessenheit gerieten. In diesem überaus erfolgreichen Streifen fiel ein Satz, der zum Leitmotiv der folgenden zwölf Jahre wurde: „Leben können wir Deutsche vielleicht schlecht, aber sterben können wir jedenfalls fabelhaft.“

Auch auf der Leinwand siegte also der Geist der Tyrannen. Heinz Rühmann blieb davon, wie viele seiner Kollegen, nicht verschont. Denn mit allen anderen Deutschen wurde nun auch das Filmpublikum erst unterworfen, dann aufgerüstet. Die Wege und Mittel waren unterschiedlich; die Filmproduktion machte auch Umwege, und es entstanden in der Nazi-Zeit durchaus ansehnliche, heitere, unterhaltsame Lichtspiele, in denen sich Heinz Rühmann nach Kräften bemühte. Aber insgesamt gesehen folgte der Film der Weimarer Republik doch widerstandslos dem Weg in die Nazi-Herrschaft. Und das hatte Gründe.

Das Kino mystifizierte allzuoft die realen, sozialen Gegebenheiten der Zeit, es personifizierte sie zu dämonischen Mächten. Diese Mächte, als Botschafter des Verhängnisses gesehen, bestimmten im Kino und auf der Straße das Schicksal des Volkes. Ihnen war nicht zu entkommen. Nur Unterwerfung kam in Frage.

Die ersten Filme von Rühmann unter den neuen politischen Bedingungen – Hitler war seit dem 30. Januar 1933 Reichskanzler der Deutschen – kamen noch so unverfänglich daher, wie ihre Produktionsbedingungen den alten Regeln gehorchten. Die Filme, die im Februar, März und August 1933 uraufgeführt wurden, hießen *Ich und die Kaiserin, Lachende Erben* und *Heimkehr ins Glück*.

Es handelte sich um Lichtspiele, in denen heitere Beschwingtheit, glänzende Stars und eine unterhaltsame Thematik das Publikum über den Ernst der Lage hinwegzuhelfen versuchten. Aber das nützte nichts. Die Nazi-Zensur formierte sich bereits. Die neuen Herren sahen in den Aufführungen von *Lachende Erben*, einem Film, in dem angeblich allzu unbesorgt mit der faschistischen Realität umgegangen wurde, eine Gefahr für „die öffentliche Ordnung". Später verbot man das Werk und Filme wie *Die Drei von der Tankstelle* gleich mit.

So sahen die ersten Erfahrungen des Volksschauspielers Heinz Rühmann mit den neuen Machthabern aus. Er begriff, daß es ernst wurde, da nützte keine Heiterkeit. Und er beschloß sofort, äußerste Wachsamkeit walten zu lassen.

Dies war schon deshalb nötig, weil Rühmann als Kassenmagnet inzwischen Spitzengagen bezog und sich einen Lebensstandard leistete, hinter den er keinesfalls zurückzufallen beabsichtigte. Er mußte nicht nur an seine Frau und sich, sondern gewissermaßen auch an sein Flugzeug denken.

Diese Sorge um die Finanzierung seines Lebens verführte den Schauspieler in der Folgezeit dazu, Filmrollen bedenkenlos zu übernehmen, wenn sie nur hochdotiert waren. Als Vollblutschauspieler, der er war, glaubte er, jede Rolle kraft seiner natürlichen Talente umformen und adeln zu können – und spielte dann oft unter Wert. ◆

In der Filmoperette *Ein Walzer für dich* mit der Musik von Will Meisel ging der Schauspieler baden, jedoch nur als Rollenfigur. Mit seiner Darstellung erwies er sich als musikalischer Komiker von echtem Schrot und Korn

Mit Charlott Serda in *Pipin, der Kurze*

***Es gibt nur eine Liebe* – und Heinz Rühmann als Eddy Blattner kostete sie in vollen Zügen aus**

Aus *Frasquita*, einem üppig inszenierten Ausstattungsfilm der Atlantis-Produktion aus dem Jahr 1934, der seinen großen finanziellen Etat eindrucksvoll zur Schau stellte

Heinz im Mond, Werbeplakat und Szenenfoto (unter anderen mit Oskar Sima)

So ein Flegel. Der inzwischen schon erfolgreiche Darsteller Rühmann ausnahmsweise einmal am äußersten Bildrand

Der Außenseiter.

Der Mann, von dem man spricht

Fünf Millionen suchen einen Erben

Lumpacivagabundus

Nanu, Sie kennen Korff noch nicht?

Der Mann, von dem man spricht

Die Umwege des schönen Karl

Filme in schwerer Zeit

Unterhaltung in ernsten Jahren, die aber den Schauspieler Rühmann in Hochform zeigte. Der Tausendsassa konnte zwischen 1935 und 1938 alles spielen. Ob er es auch durfte, darüber bestimmten oft genug die Nazi-Machthaber, an führender Stelle der für Propaganda und damit auch für künstlerische Belange zuständige Josef Goebbels.

Rühmann in Schwierigkeiten. Im Jahr 1938, als *Nanu, Sie kennen Korff noch nicht?* entstand, war das – unter der Fuchtel der Nazis – wörtlich zu nehmen, auch wenn es hier nur die Rollenfigur Korff betrifft.

Dreizehn Stühle, mit Hans Moser

Der Mann, der Sherlock Holmes war – mit Hans Albers als Titelfigur

Der Mustergatte

Plaudereien in der Reichskanzlei

Die Fixierung auf Film und Theater brachte es auch mit sich, daß der ohnehin unpolitische Heinz die Realitäten verkannte und die Macht des Nazi-Staates unterschätzte. Er glaubte daran, daß Hitler sich nicht einmal ein Jahr halten würde. Bis dahin galt es weiterzumachen, so gut es eben ging.

Diese Einschätzung warf immer öfter Meinungsverschiedenheiten zwischen ihm und seiner Frau Maria auf. Dafür gab es einen einleuchtenden Grund, denn Maria war Jüdin. Und sie wußte, daß den Juden von den Nazis Furchtbares drohte. Sie wußte es im Gegensatz zu ihrem Mann.

Rühmann verharmloste. Für ihn bedeutete es anscheinend kein Problem, wenn die Nazi-Herren ihn und seinesgleichen zu den damals beliebten „Künstlerempfängen" einluden. Fotos, die zeigen, wie Rühmann mit dem „Führer" plaudert, gingen sofort durch alle Gazetten. Instinktiv fand der Schauspieler jedoch einen gangbaren Weg. Er machte gute Miene zum bösen Spiel, ließ sich nicht offensiv in die Propagandamaschine einspannen, setzte jedoch auch nichts dagegen. Das deutsche Filmpublikum bekam den Eindruck, daß sein Star nach dem Motto eines seiner letzten Filme handelte: Es wird schon wieder besser.

Das Klima zwischen Filmkünstlern und Machthabern war allerdings angespannt. Niemand war sicher. Keiner wußte, was während der gemütlichen Plaudereien in der Reichskanzlei tatsächlich ausgeheckt wurde. Ein freundlicher Ton der braunen Bonzen unter dem Hakenkreuz konnte jederzeit in Gebrüll umschlagen und mit der Einweisung in die bereits entstandenen Konzentrationslager enden. Von einem schöpferischen Klima konnte bei weitem nicht die Rede sein.

Dennoch ging die Film- und Theaterarbeit weiter. Auch für Heinz Rühmann. Der Schauspieler spielte in dieser Zeit so viel – man ist fast versucht zu sagen: besinnungslos – wie nie zuvor. Den sieben (!) im Jahr 1933 gedrehten Filmen folgten jeweils vier Filme in den Jahren 1934 und 1935. Daneben stand er auch weiterhin auf der Bühne, trat in Berlin, München, Bremen und Oldenburg auf. Rühmann arbeitete wie ein Besessener.

Eines Tages jedoch bekam sein künstlerischer „Blindflug", mit dem er hoffte, unter den ideologischen Radaranlagen der Nazis hindurchfliegen zu können, einen Dämpfer.

Wie in jenen Jahren allgemein üblich, wurden auch die Lebensverhältnisse der deutschen Künstler ideologisch durchleuchtet. Es blieb kein Geheimnis, daß Rühmann mit einer Jüdin verheiratet war. In der Wochenzeitschrift der SS, im Schwarzen Korps, erschien bereits ein Hetzartikel gegen das Ehepaar. Eine erste üble Reaktion darauf war die Kündigung, die der Schauspieler vom Berliner Aeroclub erhielt, dem er angehörte. Heinz Rühmann wußte nun, was die Stunde geschlagen hatte.

Zwar drehte er zunächst unverdrossen weiter Film um Film. Im Jahr 1936 spielte er in *Ungeküßt soll man nicht schlafen geh'n*, *Allotria*, *Lumpacivagabundus* und *Wenn wir alle Engel wären.* 1937 drehte er mit Hans Albers *Der Mann, der Sherlock Holmes war*, agierte unter der Regie von Carl Froelich in *Die Umwege des schönen Karl* und unter Wolfgang Liebeneiner in *Der Mustergatte.* Doch Rühmann wußte, daß der Schein trog.

Er beschloß, einen Bittgang zu Josef Goebbels, dem Reichsminister für Propaganda, der für künstlerische Belange zuständig war, zu unternehmen. Mit bangem Herzen trat er den schweren Gang an – doch dieser verlief ergebnislos. Der Nazi, ganz auf der ideologischen Linie gegen sogenannte Mischehen, blieb hart, Rühmann solle sich scheiden lassen, lautete sein Befehl.

Der Schauspieler saß gehörig in der Klemme. Zwar war seine Ehe mit Maria ohnehin längst auf eine Art freundschaftliche Kollegialität geschrumpft, aber das ging nur sie beide an. Andererseits hatte es für jemanden wie Rühmann, der ungeschützt im Rampenlicht stand, keinen

Drei Filme aus dem Jahr des Kriegsbeginns, 1939, *Paradies der Junggesellen, Der Florentiner Hut* und *Hurra, ich bin Papa!*

Sinn, den Kampf gegen die braunen Machthaber aufzunehmen. Er hätte auf jeden Fall den kürzeren gezogen – dafür gab es Beispiele genug.

Das Ehepaar setzte sich zusammen, zog Freunde und Ratgeber, unter anderen den großen Schauspieler und Regisseur Gustaf Gründgens, hinzu und beriet, was zu tun sei. Die einzige Lösung, das schien allen klar, hieß Scheidung. Und dieser Beschluß wurde umgesetzt.

Maria heiratete danach einen schwedischen, also „neutralen" Staatsbürger und zog nach Stockholm, wo sie von Rühmann finanziell unterstützt wurde. Damit war sie in Sicherheit, und Rühmann hatte sich aus der Affäre gezogen. Selbst zu emigrieren wie andere Kollegen vor ihm (Wilhelm Thiele, Erich Pommer, Oskar Karlweis, Dolly Haas beispielsweise) – daran hatte er in keinem Augenblick gedacht. Er empfand sich als Volksschauspieler, der auf die deutsche Sprache angewiesen war, und konnte sich wohl nicht vorstellen, wie er im Ausland zurechtkommen könnte.

Für die Nazis war die Angelegenheit Rühmann nach seiner Scheidung vorerst erledigt. ◆

HERTHA

Die Filmerei ging weiter, und die deutsche Filmindustrie hatte sogar ein Geschenk für Rühmann parat. Er durfte sich als Regisseur beweisen. „Endlich die erste Filmregie! Wie hatte ich darauf gehofft, danach gestrebt!“ jubelte Rühmann.

Der Film hieß *Lauter Lügen* (1938). Ein verfänglicher Titel in der Zeit der staatlich verordneten Lüge. Aber er war nicht ernst gemeint, nicht auf Politik gemünzt. Die von Hans Schweikart entwickelte, recht konventionelle Handlung bewegte sich im Feld der Komödie um einen vermeintlichen Seitensprung. Und Rühmann hatte mit diesem Film doppeltes Glück. Zum ersten bekam er gute Kritiken. Zum zweiten lernte er Hertha Feiler kennen.

Das Ehepaar Heinz Rühmann-Hertha Feiler, hier in dem Film *Hauptsache glücklich*

Auf der Suche nach einer geeigneten Hauptdarstellerin hatte er die österreichische Schauspielerin über Umwege kennengelernt und wußte gleich: Sie war ideal für seine Garda von Doerr in *Lauter Lügen*. Und die Dame gefiel ihm auch privat. Die attraktive Frau hatte Charme, besaß Natürlichkeit, war intelligent und sachverständig. Darüber hinaus war sie noch „zu haben“.

Rühmann erinnerte sich später: „Das Besetzungsbüro der Terra war verzweifelt, offenbar gab es das, was ich suchte, nicht, nämlich eine Frau, überzeugend damenhaft, berückend naiv, überaus apart, jedoch nicht verwirrend extravagant, mit Humor, aber nicht von jener naturbelassenen Fröhlichkeit, die damals propagiert wurde. Buchstäblich in der berühmten letzten Minute fanden wir sie ...“

Die gemeinsame Arbeit verlief sehr positiv. Zuerst stellten sich bei Rühmann private Gefühle ein, dann auch bei Hertha Feiler. Und da der Schauspieler viel Platz in seinem nun etwas leeren Haus am Kleinen Wannsee hatte, zog die Angebetete bald ein – natürlich erst nach der Trauung. Was zwei Monate vor Ausbruch des Zweiten Weltkriegs im Jahr 1939 geschah.

Hauptsache glücklich (1941) hieß ein Film Rühmanns, den er an der Seite seiner neuen Ehefrau – und übrigens unter der Regie seines alten Kollegen aus Theaterzeiten Theo Lingen – während des Krieges drehte. Dieser Filmtitel bezeichnete korrekt seine Absichten in dieser schweren Zeit. Er lebte damit nach dem gleichen Programm, mit dem sich die meisten anderen deutschen Volksgenossen inzwischen eingerichtet hatten. Es galt zu überleben.

Aber auch diese schlichte und verständliche Absicht war für den Künstler Rühmann nicht immer ganz einfach zu realisieren. Zwar erlebte er in den Kriegsjahren einige bemerkenswerte Erfolge, aber auch die Schwierigkeiten mit den Behörden rumorten weiterhin unter der ruhigen Oberfläche. Unter anderem hatten die Herrenmenschen auch gegen seine neue Ehefrau Einwände, wegen ihrer nicht hundertprozentigen „Reinrassigkeit“. Aber das war den beiden, solange man sie in Ruhe ließ, schnurzpiepe. „Rassefragen“ gehörten nicht zu ihrem Charakterfach.

„Na denn – Heil Hitler!"

Im Frühjahr 1941 zogen die Machthaber den nicht ganz geheuren Rühmann „auf Zeit" ein. Er wurde einer Fliegerhorst-Kommandantur zugewiesen. Der Schauspieler machte daraus das Beste. Er flog! Diese Betätigung schien vorübergehend tatsächlich unverfänglicher zu sein als zu schauspielern. Aber auch in dieser Einschätzung täuschte sich der Star.

Der „Reichspropagandaminister" – die Nazis liebten pompöse Titel – befahl, der Schauspieler solle sich deutlicher zu „Führer, Volk und Vaterland" bekennen. Und er wußte auch, wie dies zu geschehen hatte: Rühmann sollte als Vorzeigekünstler für die aktuelle Kriegswochenschau posieren.

Quax, der Bruchpilot

Es war das erste und einzige Mal, daß Heinz Rühmann sich aktiv für die Zwecke der Nazis einspannen ließ. Er stieg in Feldwebeluniform vor laufender Kamera in ein Kurierflugzeug, nahm den Einsatzbefehl in die Hand und flog los. Die Wochenschaukamera drehte, und ein naßforscher Kommentator pries die selbstlose Weise, in der deutsche Künstler den schweren Weg des „Führers", des Vaterlands und des deutschen Volkes begleiteten.

Es war eine kurze Sequenz. Aber sie blieb an Heinz Rühmann haften wie Aussatz. Er hatte sich für Minuten mit Hitler gemein gemacht, seine Ziele propagiert, war in die Richtung geflogen, die die Nazis ihm anwiesen. Das wog, gerade weil es sich auf der Leinwand ereignete, schwerer als jene gemeinsamen Auftritte in der Öffentlichkeit bei irgendeinem x-beliebigen Empfang. Der Schauspieler schien endgültig ins „Tausendjährige Reich" eingeflogen zu sein.

In Wahrheit versuchte er jedoch nur, einfach weiterzumachen. Auf der Leinwand balancierte der Star mit seinem pfiffigen Kleineleutehumor so manches Mal auf einem sehr schmalen Grat. Das war in *Der Gasmann* der

Fall, einem Film, der unter den Augen der Nazi-Prominenz im August 1941 im Berliner Gloria-Palast am Kurfürstendamm Premiere hatte.

Rühmann spielte den Titelhelden, der seinen Anzug verliert und im Schlafanzug durch die Stadt gehen muß, um seine Arbeit verrichten zu können. In einer berühmt gewordenen Szene muß er einer Volksgenossin den Gashahn abdrehen, was diese mit der wütenden Bemerkung quittiert, sie habe einen hohen Verwandten bei den Nazis, der würde es ihm heimzahlen. Und Rühmann kommentiert diese Drohung mit einem höchst eindeutigen: „Na denn – Heil Hitler!"

Dieser Führergruß paßte den Nazis deshalb nicht, weil der Schauspieler ihn allzu ironisch-sarkastisch verwendete. Er selbst erinnerte sich später: „Lachsalven und Beifall im Kino! Daraufhin mußte in allen Kopien mein Gruß rausgeschnitten werden. In einigen soll der Schnitt vergessen worden sein."

Tatsächlich sind noch heute Kopien im Umlauf, die das schnippische „Heil Hitler!" enthalten, schon allein deswegen ist dieser Film heute noch sehenswert.

Es war also keineswegs so, daß sich Heinz Rühmann während der Herrschaft der Nazis ganz aus der Politik herausgehalten hätte. Nicht nur seine dicke Akte im Propagandaministerium, die ihm eines Tages vom „Reichsfilmintendanten" Fritz Hippler vorgelegt wurde, belegt das. Er mischte sich auf seine ureigene, kleine Weise ein. Und das tat er an jenem Ort, für den er zuständig war – auf der Leinwand.

Auch auf der Theaterbühne konnte der Schauspieler weiterhin große Rollen spielen. So in Shaws Komödie *Pygmalion* am Staatstheater Berlin. „Trotz Krieg, Bomben und vieler privater Schicksalsschläge", kommentierte Rühmann später dieses Ereignis aus dem Jahr 1941, „eine bemerkenswerte Aufführung."

Zu den Schicksalsschlägen gehörte der Selbstmord von Ernst Udet, den Rühmann 1932 kennengelernt hatte und mit dem ihn eine innige Männerfreundschaft verband. Der große Flieger, im Deutschen Reich ein Idol der Massen, wurde sein großes Vorbild – nicht nur wegen der eigenen Fliegerei. „Udet war für mich der Flieger schlechthin. Unübertroffen!" bekundete Rühmann. Dieser Flieger Udet, ein moderner Abenteurer wie aus einem Drehbuch, der in seinem Cockpit ständig Kopf und Kragen riskierte, ließ sich später von den neuen Machthabern im Reichsluftfahrtministerium einspannen. Doch die Kumpanei des „Generalluftzeugmeisters" mit den Größenwahnsinnigen ging nicht gut. Udet kritisierte die Kriegspläne der Nazis und wurde daraufhin systematisch ins Abseits getrieben. Ende 1941 erschoß er sich. Die Nazis freilich gaben seine Verzweiflungstat als Flugunfall aus und verordneten ein pompöses und wie üblich verlogenes Staatsbegräbnis.

Heinz Rühmann überwand den Tod des Freundes nie, denn er begriff einmal mehr, wie sehr die politischen Verhältnisse auch den einholen, der glaubt, es sich auf einer privaten Insel einrichten zu können. Hier trat die Schizophrenie seiner Lebensbedingungen klar zutage: Um ihn herum herrschten Verfolgung, Bespitzelung, Emigration, Mord und Selbstmord. Und auf der Leinwand spielte er „Hauptsache glücklich!".

In *Der Gasmann* strahlte Rühmann zwar von den Filmplakaten herab, bekam jedoch wegen eines ironischen Hitlergrußes Probleme mit der Zensur

Für Rühmann bedeutete es ein schicksalhaftes Ereignis, daß sein Film *Quax, der Bruchpilot* einen Monat nach dem trostlosen Tod seines Fliegerfreundes zur Uraufführung kam. Rühmann spielte hier den Flugschüler Otto Groschenbügel, genannt Quax, der einerseits den Kampf gegen die autoritären Ausbilder und andererseits gegen die eigene Mittelmäßigkeit aufnimmt und sich zum Flieger mausert. Rühmann hatte es sich nicht nehmen lassen, die Dreharbeiten in Prien am Chiemsee in einer von Ernst Udets Maschinen, einer „Flamingo“, auszuführen.

Natürlich flog er selbst. Später erinnerte er sich: „Wir hatten eine Kamera auf den Co-Piloten-Sitz montiert, und so konnte ich mich selber filmen. Allerdings nur eine knappe Minute lang, denn mehr als siebenundzwanzig Meter Film faßte die Kamera nicht. Zum Nachladen mußte ich immer wieder runter; an einem Tag so an die fünfzig Mal. Dabei war die Maschine ... aus Holz und nicht mehr die Jüngste, Bremsen hatte ich auch keine.“

Quax, der Bruchpilot kam kurz vor Weihnachten 1941 in die Kinos. Der Film amüsierte die Berliner und sämtliche Volksgenossen im Reich. Heinz Rühmann hatte mit diesem Lichtspiel für sich die richtige Antwort auf den tragischen Verlust Udets gefunden.

In seinem Bemühen, die finsteren Zeitläufe durch Aktivitäten unterschiedlicher Art erträglich zu machen, führte er 1942 erneut Regie – der Film hieß *Sophienlund* und kam Anfang 1943 in die Kinos –, wurde im gleichen Jahr stolzer Vater des Sohnes Peter, erfüllte seine Pflichten, öffentlich zu repräsentieren – und kehrte ausgiebig das Laub in seinem herrlichen Garten am Kleinen Wannsee Nummer 15.

Im Januar 1944 durfte Rühmann glücklich erleben, daß sein heimlicher Lieblingsfilm, der wegen angeblicher Respektlosigkeit gegen Autoritäten vorübergehend von den Nazis verboten worden war, freigegeben wurde und in Berlin anlief. *Die Feuerzangenbowle* hatte am 28. Januar 1944 gleichzeitig in zwei Berliner Kinos Premiere. „In der Nacht zuvor hatten 1077 englische Flugzeuge 3715 Tonnen Bomben auf Berlin abgeworfen“ (Rühmann). Der Schauspieler hatte zuvor selbst etwas für die Freigabe unternommen: Er war persönlich ins „Führerhauptquartier“ gefahren, um die Nazi-Bonzen umzustimmen. Die Szene ist drehbuchreif und wie von Lubitsch: Der kleine, spitznasige Komödiant begibt sich, mitten in Terror und Krieg, mutig ins hochgesicherte Zentrum der Macht, in der Hand drei Filmrollen, um die Unmenschen zur Freigabe einer kleinen Komödie zu überreden! Und er hatte Erfolg.

Es herrschte Krieg mit allen Greueln – und Kuriositäten.

Eine Sicherheit besaß Rühmann: Die Ehe mit Hertha Feiler entwickelte sich wunderbar. Das Ehepaar filmte auch wieder zusammen, so in der schönen Regiearbeit Rühmanns *Der Engel mit dem Saitenspiel* (1944). Hertha Feiler gab in diesem leisen und auch witzigen Melodram die Hauptfigur Susanne Henrici. Und kurz vor Kriegsende konnte Rühmann in der Fortsetzung seines Fliegerfilms – Titel: „Quax in Fahrt“ – erneut sein fliegerisches mit seinem filmischen Können verbinden.

Ein Lied für die Soldaten an der Front: Rühmann mit Josef Sieber, Hans Brausewetter und dem Philharmonischen Orchester Berlin in *Wunschkonzert*

Dieser Film entstand bei Kempten im Allgäu unter schwierigsten Bedingungen – die Luftschlacht um Deutschland war in vollem Gang. Rühmann als Quax und Hertha Feiler als Renate sprühten dennoch vor Spielfreude, konnten jedoch nicht verhindern, daß der fertiggestellte Film in den Kriegswirren unterging. Er kam nicht mehr zur Aufführung und wurde erst 1953 mit dem Titel *Quax in Afrika* freigegeben.

Keine Premiere erlebte auch ein anderer Film, den Heinz Rühmann bei Kriegsende drehte. Es handelte sich um *Sag die Wahrheit*, eine Terra-Produktion unter der Regie von Helmut Weiß. Der Film erzählte die Geschichte einer charmanten Gewohnheitslügnerin und ihres Verlobten, der aus pädagogischer Absicht einen Tag lang die Wahrheit sagen will – und daraufhin in einer Heilanstalt landet. Dennoch gibt es zwischen den beiden ein Happy-End.

In einer Zeit verordneter Lügen stellte auch dies ein durchaus heikles Thema dar, wenn auch verpackt in eine funkensprühende Komödie. Heinz Rühmann ließ später verlauten:

Zwei Szenenfotos aus *Ich vertraue dir meine Frau an*, einem Terra-Film mit viel Witz, Klamauk, Aktion und Artistik

„Um auch jetzt die Wahrheit zu sagen: Wir drehten den Film nur, weil dadurch sechzig Männer nicht zum Volkssturm mußten und die Kolleginnen nicht für Rüstungsarbeiten zwangsverpflichtet werden konnten."

Über diesen wichtigen Beweggrund hinaus konnte das Ehepaar Rühmann-Feiler einmal mehr zusammen spielen und genoß deshalb die sich bis April 1945 hinziehenden Dreharbeiten in Berlin-Tempelhof, trotz der herrschenden katastrophalen Verhältnisse. Rühmann erinnerte sich später: „In jenen Wochen mußten wir nicht nur nachts in den Keller, sondern die Bomberpulks kamen nun auch schon am Tage. Ertönten die Alarmsirenen, wurden die Aufnahmen sofort abgebrochen, und wir Schauspieler hasteten, geschminkt und kostümiert, wie wir waren, in den nächsten Bunker. Nach der Entwarnung hieß es dann höflich: ‚Zur Aufnahme bitte!'"

Schließlich waren die Probleme zu groß, die Dreharbeiten wurden eingestellt, und das Team mußte erleben, daß der Film unfertig in den Archiven verschwand. Er erlitt das Schicksal so vieler Projekte und Unternehmungen, die 1945, dem Jahr von Kontinuität und Umbruch, Veränderungen oder Schäden erlitten.

Sag die Wahrheit konnte allerdings gleich nach Kriegsende doch noch fertiggestellt werden – wenn auch mit den Schauspielern Gustav Fröhlich und Ingeborg von Kusserow, also ohne Rühmann und Feiler, die durch das „Dritte Reich" kompromittiert zu sein schienen.

So sah das deutsche Publikum nach der „Stunde Null" ein Kuriosum auf der Leinwand. Ein Film, konzipiert mit zwei beliebten deutschen Unterhaltungsstars aus der Zeit der Nazi-Herrschaft (wenn auch nach dem Krieg mit anderen Schauspielern neu gedreht) und damit ein geistiges Produkt der Unterhaltungsmaschinerie der Nazis, landete in den Kinos des befreiten Deutschland. Kontinuität und Umbruch – dieses Kapitel des Films der vierziger Jahre ist noch nicht genug beleuchtet worden.

Heinz Rühmann und Hertha Feiler überstanden die letzten Tage und Wochen des Nazi-Reiches in ihrem Haus in Berlin. Trotz der dramatischen Ereignisse verlor der Schauspieler seinen Humor nicht. Gern erzählte er später, wie komisch es ihn anmutete, als „zehn deutsche Soldaten auf unser Grundstück kamen und der Leutnant ernsthaft sagte: ‚Wir sind die HKL, die Hauptkampflinie!' Vor ein paar Jahren hatte sie von Narvik bis Athen gereicht, 3000 Kilometer Luftlinie. Jetzt war unser Garten, keine 300 Meter breit, die HKL."

Die meisten Kollegen des Ehepaars Rühmann waren zu dieser Zeit schon in alle Winde zerstreut. Die sowjetischen Befreiungstruppen – von den meisten Deutschen allerdings nicht als solche eingestuft – rückten näher, der Bombenhagel wurde dichter. Ringsherum fiel Berlin in Trümmer, und auch das Haus am Kleinen Wannsee überstand die letzten Tage von Krieg und „Volkssturm" nicht. Doch das Ehepaar und sein dreijähriger Sohn Peter kamen im Keller ihres Anwesens mit dem Schrecken davon.

Die Stunde Null: Das Deutsche Reich existierte nicht mehr, die Nazi-Größen hatten sich das Leben genommen, waren geflohen oder dingfest gemacht worden. In Deutschland herrschten Not, Elend, Verzweiflung. Aber es gab einen Trost: Die Zeit des Terrors war vorüber. Auch wenn sich dies jetzt kaum jemand vorstellen konnte: Es durfte aufgebaut werden! ◆

Programmheft für *Quax in Fahrt*, einen gegen Ende des Krieges gedrehten Film, der erst 1953 freigegeben wurde und unter dem Titel *Quax in Afrika* in die westdeutschen Kinos kam

KRIEGSENDE

„Der Hauptdarsteller interessierte offenbar auch nicht mehr – der war ich." (Nach Kriegsende)

Heinz Rühmann, der kleine Mann mit dem großen Witz, die ideale Verkörperung des widerborstigen, sentimental-melancholischen und ohnmächtigen Kleinbürgers, hatte Hitler natürlich nicht verhindern können. Aber er hatte ihm vielleicht – in den Augen der Überlebenden – auch nicht genug entgegengesetzt. Damit traf er sich zwar mit der Mehrheit der Deutschen, aber den Künstlern nimmt man, zu Recht oder Unrecht sei dahingestellt, eine solche Haltung besonders übel.

Rühmann galt als belastet. Deshalb erschien es fast unglaublich, daß es ein sowjetischer Offizier der Roten Armee war, der jetzt zu ihm kam und sich Sorgen darüber machte, wie der Schauspieler weiterarbeiten konnte!

Heinz Rühmann, der bei Kriegsende mit dem Schlimmsten für sich und seine Familie rechnete, war überglücklich. Ein Silberstreifen am Horizont! Er überlegte nicht lange und organisierte Lesungen, Vorträge, kabarettistische Abende; er ließ, zusammen mit Kollegen, in der düsteren Trümmerwelt des Nachkriegsdeutschland das Wort der Dichter leuchten. Kunst geht nach Brot, heißt es, doch hier, in den Nachkriegsmonaten, mitten in Deutschland, gab es Kunst statt Brot. Und doch – vielleicht deshalb – wurden viele Deutsche satt. Schauspieler wie Rühmann leisteten dabei ihren kleinen Beitrag und konnten damit etwas von dem „Judaslohn" zurückzahlen, den sie in der Propagandaindustrie der Nazis verdient hatten.

Obwohl die Sowjetunion durch den deutschen Kriegsterror unsägliche Verluste erlitten hatte, waren es die sowjetischen Verantwortlichen, die mit Rühmann glimpflich umsprangen. Bei den westlichen Alliierten der Anti-Hitler-Koalition kam der Schauspieler weniger gut davon. Er mußte sich ab August 1945 endlosen Vernehmungen und peinlichen Verhören der alliierten Entnazifizierungsbehörden unterziehen, die jeden Aspekt seines Lebens in den vergangenen zwölf Jahren ans Licht zerrten. Die Verdachtsmomente gingen vor allem auf seine Dienstzeit bei der Fliegerhorst-Kommandatur und auf seinen Propagandaflug für die Wochenschau zurück. Aber einen Vorteil brachte die Befragung: Der Schauspieler wurde schließlich vollständig entlastet. Er konnte danach wieder unbesorgt arbeiten. Damit war die Zeit des amerikanischen Spielverbots und der Dörfertourneen durch die sowjetische Besatzungszone vorbei, durch die sich Rühmann notdürftig über Wasser gehalten hatte. Er durfte auch wieder ordentliches Theater spielen und unternahm dies mit einer Aufführung des *Mustergatten*, zunächst in einem Kino in Berlin und danach auf Tourneen durch Leipzig, Weimar, Saarbrücken und schließlich in Nürnberg. Er hatte diese Rolle ein paar hundert Mal gespielt, aber jetzt entdeckte er einen weiteren Vorteil – *Der Mustergatte* ließ sich beinahe ohne Dekoration spielen, eine dürftige Wohnzimmereinrichtung genügte. Dies war in der Zeit des Mangels von entscheidender Bedeutung.

Da Rühmanns eigenes Haus in Berlin-Wannsee zerstört war, fand er eine Notunterkunft in München, auf dem Gelände der Bavaria-Ateliers – dieser Notbehelf sollte ihm

Der Schauspieler in zwei Szenen aus seinem ersten westdeutschen Nachkriegsfilm *Der Herr vom anderen Stern*

allerdings bis 1954 erhalten bleiben. Hier konnte er mit seiner Familie in einem winzigen Holzhäuschen wohnen, durfte Holz hacken und für Lebensmittel sorgen. Geld war keins da, aber zu kaufen gab es ohnehin so gut wie nichts. Tauschen auf dem Schwarzmarkt hieß die Devise, die Rühmann, wie alle anderen, befolgte – ein paar Wertsachen hatte er retten können.

Harte Zeiten, aber man hatte überlebt. Und im Rückblick erschienen diese Zeiten deshalb nicht einmal als die schwersten, denn niemals zuvor und danach gab es eine solche künstlerisch-kreative Arbeitsenergie, geboren aus physischem und geistigem Hunger, aus dem Zwang zur Improvisation und gespeist vom unbedingten Willen, etwas auf die Beine zu stellen.

Langsam stabilisierten sich die Verhältnisse wieder. Aus der Emigration trafen Kollegen in Deutschland ein, Verbannte und Verfolgte kehrten zurück, die „daheim" gebliebenen Deutschen wagten sich wieder an die Öffentlichkeit, das Leben kam in Gang. Heinz Rühmann konnte auch wieder ans Filmen denken, obwohl die deutsche Filmindustrie praktisch noch am Boden zerstört war. Ein paar wenige Filme liefen jedoch bereits wieder über die Leinwand. Neben dem schon erwähnten *Sag die Wahrheit*, der ein Kassenerfolg geworden war, konnten auch andere Projekte durch die Realisierungsinstanzen schlüpfen, die die Alliierten vorschalteten. Ab 1947 entstanden Trümmerfilme, in denen sich ratlose Menschen die Augen rieben, um zu begreifen, was um sie herum und mit ihnen geschehen war. Typisch dafür war der Film *Zwischen gestern und morgen* (1947) von Harald Braun, ebenso Wolfgang Liebeneiners *Liebe 47* (1948), der Wolfgang Borcherts Drama *Draußen vor der Tür* auf die Leinwand brachte, und auch Helmut Käutners *In jenen Tagen* (1947). Der zwiespältigen deutschen Kinotradition folgend, entstanden in jenen Nachkriegsjahren auch Komödien, mit denen sich das deutsche Publikum über die Trümmer hinweglachte. Allein 1948 gab es drei zu sehen, nämlich *Der Apfel ist ab* von Helmut Käutner, *Berliner Ballade* von R. A. Stemmle und *Der Herr vom anderen Stern* unter der Regie von Heinz Hilpert. Keine schlechten Filme, Werke in guten Händen – aber eben keine kritische Bestandsaufnahme dessen, was gerade geschehen war. Aber immerhin Filme. Die Filmindustrie kam damit wieder in Gang.

Nach der Zementierung der deutschen Teilung teilte sich auch die Filmproduktion in Deutschland thematisch in zwei Lager. Im Osten kaprizierte man sich auf gegenwartsbezogene Problemfilme, im Westen diente der Film als Aufbauspritze fürs Gemüt. ◆

Keine Angst vor großen Tieren. **Diese Aufforderung nahm sich Heinz Rühmann 1953 zum Motto und begann eine zweite Schaupielerkarriere, die ihn noch zu großen Rollen führte**

„Ich wurde bescheidener, habe meinen etwas zu groß geratenen Hut abgesetzt und in die Hand genommen."

Pleiten und Premieren

Auch Heinz Rühmann konnte sich im Jahr 1948 wieder dem Filmen zuwenden. Er hatte inzwischen, nach Erhalt der amerikanischen Genehmigung, zusammen mit dem früheren Produktionschef der Terra-Film, Alf Teichs, die Produktionsfirma Comedia zur Herstellung von Filmen gegründet, deren künstlerische Leitung er übernahm. Zu den Produktionen seiner Firma gehörte der schon erwähnte Hilpert-Film *Der Herr vom anderen Stern*, in dem Rühmann auch als Schauspieler auftrat, was er immer noch mit Leidenschaft tat. Er spielte die Titelrolle, einen Herrn, der sich, angetrieben durch geistige Kraft, durchs Universum geradewegs auf die Erde bewegt. Hier macht der Außerirdische schlechte Erfahrungen und erhält am Ende von einer Dame namens Flora alias Anneliese Römer die Möglichkeit, wieder abzuheben.

***Ich mach' dich glücklich,* ein weiterer Film seiner eigenen Filmproduktion Comedia, mit dem Rühmann unglücklich wurde. Der Produzent rutschte in die Pleite**

Der Filmstoff wirkte vielversprechend, denn mit ihm konnten die irdischen Verhältnisse im Jammertal Realität spielerisch gespiegelt werden. Doch das Publikum sah dies anders. Das Werk floppte an der Kasse. Rühmann kommentierte später: „Am ersten Drehtag stießen wir mit Sekt an – aber weder die Geschichte um Mißstände im Nachkriegsdeutschland noch der Hauptdarsteller Rühmann interessierten. Es war eine meiner wenigen Premieren mit Buhrufen."

Der erschreckte Darsteller Heinz Rühmann nahm den Mißerfolg auf seine Kappe und wandte sich daraufhin erneut der Filmregie zu. Vielleicht, so dachte er, war es besser, hinter der Kamera zu verschwinden, immerhin konnte er ja bereits einige Regieerfolge vorweisen.

Er gewann seine Göttergattin für die Arbeit vor der Kamera. Der Film, in dem dies geschah, hieß *Die kupferne Hochzeit* und kam in der Vorweihnachtszeit 1948 in die Kinos. Hertha Feiler spielte die Mette an der Seite von Peter Pasetti. Aber auch dieses Lichtspiel hielt nicht das, was es versprach. Und nachdem Heinz Rühmann ein Jahr später mit dem *Geheimnis der roten Katze* – wo er auch als Darsteller auftrat – den dritten großen Mißerfolg hinzunehmen hatte, ging seine Comedia pleite. Sein erstes größeres Unterfangen in der dünnen Luft der nachkriegsdeutschen Gesellschaft war damit kläglich gescheitert.

Rühmann stand jetzt vor dem Nichts. Man lastete ihm den Mißerfolg der Comedia persönlich an, obwohl in der Zeit der Währungsreform ganz andere Industrieunternehmen pleite gegangen waren. Und der Schauspieler begann an sich selbst zu zweifeln. „Der finanzielle Offenbarungseid", erklärte er, „war schließlich auch eine Niederlage des Schauspielers Heinz Rühmann."

Hätte nicht seine Frau energisch zu ihm gehalten – wer weiß, was in dieser Zeit der Niederlagen und der plötzlich abtauchenden Freunde und Verehrer geschehen wäre.

„Die ersten der angeblich so goldenen fünfziger Jahre", so bekannte der Schauspieler später, „für meine Frau und mich waren sie alles andere als golden. Der Gerichtsvollzieher kam fast täglich. Oft fehlte uns das Schulgeld für Peter. Zwei Jahre betrat ich kein Filmatelier. Es kamen keine Angebote. Ein populärer Schauspieler, der mit seiner Produktion pleite gemacht hatte, wird zum Kassenschreck."

Es blieb das Theater. Rühmann spielte unentwegt Der *Mustergatte*, landauf, landab. Und danach das in den USA bereits äußerst populäre Stück *Mein Freund Harvey* von Mary Chase in der deutschen Übersetzung von Alfred Polgar. Marlene Dietrich hatte Rühmann auf dieses Stück und seine Glanzrolle – ein Mann sieht als einziger einen riesigen weißen Hasen – aufmerksam gemacht. Mit dem Harvey-Hit, der ihm den Glauben an die Schauspielerei und den künstlerischen Erfolg zurückgab, war Rühmann in München, Frankfurt und Hamburg erfolgreich. Nach der umjubelten Premiere am 7. Oktober 1950 in der Kleinen Komödie in München ging es langsam wieder aufwärts!

Und wenn ein Erfolg sich einstellt, läuft plötzlich alles wieder! Rühmann bekam neue Filmangebote, die selbst seinen Gerichtsvollzieher überraschten, der zweimal die Woche bei dem geplagten Konkursunternehmer auftauchte. Wir schreiben das Jahr 1952. Gleich zwei Produktionen wollen Rühmann unbedingt als Schauspieler haben: *Das kann jedem passieren* von Paul Verhoeven und *Schäm dich,*

„Der liebe Gott und die Natur sind gnädig; sie umgeben uns, wenn's ganz schlimm kommt, mit einem Schutzmantel und einer großen Portion Hoffnung."

Brigitte von E. W. Emo. Im ersten Film sollte er einen Steuerberater spielen, der für zwei uneheliche Kinder eine Mutter sucht, im zweiten Werk, das auch unter dem Titel *Wir werden das Kind schon schaukeln* herauskam, spielte er einen Akademiker, der „seinem Affen Zucker gibt".

Das war die Wende! Plötzlich wußte das Publikum wieder, wieviel ihm dieser begnadete Komödiant bedeutete. Es strömte in Scharen in die Kinos.

Die sich daran anschließenden Filme drückten bereits in ihrem Titel das Programm aus, das Heinz Rühmann schon immer verkörpert hatte und nun weiter verkörpern wollte. *Keine Angst vor großen Tieren* (1953) und *Briefträger Müller* (1953) – Rühmann als unverdrossener Kleinbürger.

Etwas anderes wollte er gar nicht mehr spielen, hier war das Fach, das er beherrschte. Und die Leute liebten ihn dafür. Sollten andere Darsteller Geheimagenten, Politiker, Doppelmörder oder Pioniere spielen, Heinz Rühmann blieb bei seinen Leisten.

Im Jahre 1954 erfüllte sich für den Schauspieler ein großer Wunsch. Er konnte wieder zusammen mit Hans Albers spielen! Der blonde Hans hatte die Kriegsjahre ebenso unbeschadet überstanden wie Rühmann. Im „Dritten Reich" erhielt er sich den Ruf politischer Lauterkeit, obwohl der blonde, stahlblauäugige Recke gern in die Figuren der volkstümlichen Führer geschlüpft und auch mal für nationale Interessen auf fahrende Schnellzüge gesprungen war. Aber er hatte bei den Propagandaopern der Machthaber ebensowenig mitgespielt wie Rühmann, schon allein deshalb nicht, weil seine Lebensgefährtin Hansi Burg Jüdin war und in London leben mußte – nein, Albers hatte lieber zum Schifferklavier gegriffen und mit ungekünstelter Stimme seine Verwurzelung in der norddeutschen Hafenheimat besungen.

Farbe ins Schwarzweiß des bundesdeutschen Nachkriegsfilms brachten Rühmann und Albers in ihrem gemeinsamen Filmspaß *Auf der Reeperbahn nachts, um halb eins* aus dem Jahr 1954

Rühmanns Wertschätzung des Kollegen hatte nicht gelitten. Und jetzt standen sie wieder zusammen vor der Kamera. *Auf der Reeperbahn nachts um halb eins* sollte der Berolina-Film heißen, Wolfgang Liebeneiner führte Regie.

Heinz Rühmann erinnerte sich später: „Zum dritten Mal spielten Hans Albers und ich zusammen. Vierzehn Jahre lag die letzte Zusammenarbeit zurück, aber der nicht mehr ganz so blonde Hans hatte noch immer seine alten, deftigen Sprüche. Kam er morgens ins Atelier, rief er: ‚Seid ihr alle da?', worauf die Crew kräftig ‚Ja!' rufen mußte, damit er sagen konnte: ‚Darum stinkt's hier auch so!' Mich begrüßte er mit ‚Herr Kollege von der Sommerbühne', weil er und ich einst auf Provinzbühnen begonnen hatten."

Man genoß die Dreharbeiten, brachte den Film zu Ende, erlebte die Premiere am 16. Dezember in der Hamburger Barke gemeinsam und verabschiedete sich. Albers drehte noch acht weitere Filme und verstarb im Jahr 1960. ◆

Das Leben geht weiter

Heinz Rühmann konnte sich nun wieder die guten Filmrollen aussuchen. Er hatte wieder Fuß gefaßt. Das bundesdeutsche Nachkriegskino brauchte ihn dringender denn je, weil das ideelle und künstlerische Niveau des Kinos im kalten Krieg dürftig war. Der Nachkriegsfilm mit seiner falschen Romantik aus dem Herrensitzmilieu zielte in erster Linie auf Hausfrauen, die von Küche, Kind und Kirche weitgehend ausgelastet waren. In einem Kinoklima, wo bald der Frohsinn, bald die weinerliche Schnulze das Publikum bedrängten, verpaßten die Filmemacher, von Ausnahmen abgesehen, die historische Chance einer grundlegenden Erneuerung. Die Nachkriegsmenschen, nach schwerer Zeit ihre „Ferien vom Ich" (so der Titel eines charakteristischen Lichtspiels jener Jahre) genießend, wollten keine Probleme. Also verfilmte niemand Probleme – obwohl es im Nachkriegsdeutschland wahrlich genug gab. Aber auch viele Unterhaltungsfilme erfüllten sträflicherweise nicht einmal die Mindestanforderung, eben unterhaltsam zu sein.

Deshalb war ein Heinz Rühmann ein wahrer Segen fürs Kino. Wenn es sonst nichts von ihm zu sehen gegeben hätte – zwei im Jahr 1955 gedrehte Filme entschädigten für vieles. Die Rede ist von *Charleys Tante* und von *Wenn der Vater mit dem Sohne.*

Im erstgenannten Film, nach dem Schwank von Brandon Thomas, konnte Rühmann an eine frühere Leistung anknüpfen. Denn er hatte die zwerchfellerschütternde „Tante" ja schon einmal gegeben: 1928 auf der Bühne der Münchener Kammerspiele.

Nun führte Hans Quest Regie. Rühmann wechselte von der damaligen Dauerwelle in die modische Windstoßfrisur, die ihm der Maskenbildner Freddy Arnold anpaßte, zupfte das Seidenkleid für die Verwechslungskomödie zurecht – und trippelte auf Stöckelschuhen los, mitten hinein in die witzigste Klamotte des deutschen Nachkriegskinos.

In *Wenn der Vater mit dem Sohne,* ebenfalls unter Hans Quests einfühlsamer Regie, ging es um das ewige Lache-Bajazzo-Thema, um einen traurigen Clown. Wochenlang bereitete sich Rühmann auf diese Traumrolle vor – für die er später übrigens hochgeehrt wurde – und lieferte als Teddy Lemke vielleicht die beste Leistung seiner gesamten Karriere. An seiner Seite stand der kleine Oliver

Wenn der Vater mit dem Sohne, **für Rühmann eine Traumrolle und für seinen kleinen Partner Oliver Grimm der Start in eine Karriere als Kinderstar**

„Ich glaube, je älter ich werde, an Schicksal, nicht an Zufälle."

Der Hauptmann von Köpenick, vielleicht der populärste, sicher aber der erfolgreichste Filmauftritt des Schauspielers

Grimm, der damit zum Kinderstar der fünfziger Jahre aufstieg.

Noch einmal mit „Frauenkleidern“ war Rühmann ein Jahr später in *Schneider Wibbel* zu sehen, auch wenn es sich hier nur um die Schottenkleidung handelte, in der sich Titelheld Anton Wibbel vorstellte. Die Handlung dieser turbulenten Komödie beruhte auf dem Volksstück von Hans Müller-Schlösser, wurde jedoch von Drehbuchautor Gustav Kampendonk entschlossen in die Gegenwart verlegt. Wibbel, das „Sonntagskind“ (so lautete auch zunächst der Filmtitel), hatte seinen kleinbürgerlichen Anarchismus nun in den Zeiten des schwarzen Marktes und des nackten Existenzkampfs zu bewähren. Rühmann tat sein Bestes in dieser Rolle, aber die Berliner Zeitung DER TAG schrieb:

„Natürlich ist das ein handfester, um nicht zu sagen faustdicker Kassenschlager, aber die Rühmann-Verehrer sind doch ein bißchen traurig, wenn dieser kultivierte Schauspieler uns hier manchen Tiefschlag versetzt mit ausgesprochener Klamottenkomik.“

Sei's drum. Der Volksschauspieler erhielt noch Gelegenheit genug, um zu beweisen, daß seine Darstellungsqualitäten jetzt erst ihrem Höhepunkt zusteuerten. Eine große Filmrolle nach der anderen kam auf ihn zu, und er wählte seine Auftritte geschickt aus.

Bereits zweimal in der Kinogeschichte war aus der Tragikomödie von Carl Zuckmayer *Der Hauptmann von Köpenick* ein Kinofilm entstanden, 1931 in Deutschland und 1941 in Hollywood. Nun, 1956, ging die Real-Film daran, den großartigen Stoff unter der Regie eines der besten deutschen Regisseure, Helmut Käutner, zu verfilmen.

Die Verantwortlichen suchten einen Hauptdarsteller für jenen Schuster Wilhelm Voigt, der als kleiner Mann nicht mehr weiter weiß und beschließt, die Militärbürokratie zu narren, um auf sich aufmerksam zu machen. Hans Albers und Curd Jürgens waren in engerer Wahl. Auch Rühmann wurde zunächst genannt. Aber konnte ein Schauspieler, der soeben als Charleys Tante auf der Leinwand erschienen war, die tragischen Dimensionen dieser Rolle glaubhaft ausfüllen?

„Helmut Käutner habe ich es zu verdanken“, erinnerte sich Rühmann, „daß ich diese wichtige Rolle bekam. Er setzte sich gegen Produktion und Verleih durch.“

In der Tat, Käutner war vom ersten Moment an ganz sicher, daß nur Heinz Rühmann den Wilhelm Voigt verkörpern konnte – und mit dieser Grundeinstellung überzeugte er auch die Verantwortlichen.

Selten hat sich Heinz Rühmann derart intensiv auf eine Rolle vorbereitet. Er schloß sich quasi wochenlang in einem Hamburger Hotelzimmer ein und büffelte den Schuster Voigt. Ja, mehr noch, er versuchte, Wilhelm Voigt zu werden! Und wer ihn nach Wochen zum ersten Mal wiedersah, war vollständig verblüfft. Vor ihm stand der perfekte kleine Mann, vom Schicksal gebeutelt, gedemütigt, hoffnungslos, ein rührendes, altes Kind, aber mit Berliner Temperament. Rühmann war mit genialem schauspielerischen Instinkt sowohl Schuster Voigt als auch der Hauptmann von Köpenick geworden.

Die Dreharbeiten gestalteten sich genauso intensiv wie die Vorbereitungen. Das ganze Team spürte, daß hier ein

Ausnahmefilm entstand, und erfüllte mehr als seine Pflicht. Nach einundvierzig Tagen voller konzentrierter Arbeit fiel die letzte Klappe, der Film war „im Kasten". Und die Kritik war sich, was selten genug vorkommt, einmal einig in ihren Lobeshymnen. Autor Carl Zuckmayer gratulierte Heinz Rühmann gerührt zu dessen großer Leistung und dankte ihm. Der Film konnte sich auch als finanzieller Erfolg sehen lassen. Er wurde in dreiundfünfzig Länder der Welt verkauft, ein Exportschlager!

Rühmann wurde geehrt und fühlte sich geehrt. Ein Preissegen regnete auf ihn nieder. Die Internationalen Filmfestspiele von Venedig eröffneten 1956 mit diesem Film, und er wurde sogar für den begehrten Oscar vorgeschlagen. Die Rolle lohnte sich für seinen Hauptdarsteller derart, daß dieser seine Koffer in dem Behelfshaus aus Holz auf dem Gelände der Bavaria packen und sich ein neues, schmuckes Backsteinhaus in Grünwald kaufen konnte. Darüber war natürlich besonders Ehefrau Hertha Feiler erfreut. Denn nun war die Familie erst wieder richtig beisammen, auch Sohn Peter konnte nach seiner Inter-

***Vater sein dagegen sehr*, ein kleiner, sympathischer Film, unter anderem mit Marianne Koch**

natszeit zu den Eltern ziehen. Die Zeit der Provisorien schien ein für alle Mal vorbei zu sein.

Rühmann war glücklich. Er stand auf der Höhe seines Ruhms. Auch die Ehe mit Hertha Feiler verlief voller innerer Harmonie. Die Schauspielerin hatte ihre eigene Karriere erfolgreich betrieben und genoß gleichzeitig den Wiedereinzug des ordentlichen, geregelten Lebens an der Seite ihres geachteten, vom Publikum umjubelten Mannes.

Nach einigen kleinen, aber interessanten Filmen wie *Vater sein dagegen sehr* (1957) und *Der Pauker* (1958) schlüpfte Rühmann auf der Leinwand erneut in die Maske eines kleinen Mannes, der eines Tages mit einem großen Coup auf sich aufmerksam macht. Er spielte den „eisernen Gustav" – wie der Film von 1958 auch hieß –, einen Berliner Droschkenkutscher, dem die neumodischen Taxen die Kundschaft vor der Nase wegfahren und der deshalb die längste Droschkenfahrt aller Zeiten, nach Paris, unternimmt – der Publicity wegen.

In seiner Maske des Droschkenkutschers vom Berliner Wannsee erinnerte Rühmann sein Publikum an den Hauptmann von Köpenick. Film und Rolle stiegen zwar nicht in die höheren, geweihten Gefilde der Kunst auf, aber sie ergriffen die Zuschauer, befeuchteten ihre Augen und erwärmten ihr Herz. Und sie kitzelten die Lachnerven. „Rühmann selber ist immer da am besten", schrieb der Berliner Kritikerpapst Friedrich Luft, „wo er hin und wieder eine kleine verschmitzte Lümmelei an den Tag legen darf und seine borstige Seehundsmaske mit einem Augenzwinkern auftaut."

In einer solchen Rolle wollte ihn das Publikum immer wieder sehen. Und der Schauspieler wollte seinen treuen Fans diesen Gefallen auch tun, entwischte jedoch hin und wieder in andere Genrerollen. So zum Beispiel in *Es geschah am hellichten Tag* (1958), nach Friedrich Dürrenmatt. Hier spielte Rühmann als Kriminalkommissar eine ernste Hauptrolle in einem dramatischen Krimi. Oder als Buchhalter Kringelein in Gottfried Reinhardts Verfilmung eines Romans von Vicki Baum, *Menschen im Hotel* (1959) – eine tragische, zu Herzen gehende Rolle an der Seite großer Stars wie Michèle Morgan und Gert Fröbe. Und nicht zuletzt als Jugendrichter in dem gleichnamigen Lichtspiel von Paul Verhoeven aus dem Jahr 1960.

Dies alles waren Rollen, in denen Rühmann zeigte, was er konnte – jenseits von Gefühligkeit und Sentiment. Aber natürlich wollte er auch seinem Publikum entgegenkommen. Und schließlich spielte er ja auch gern die Tollpatsche, Clowns, pfiffigen Kleinkarierten mit den leisen Tönen und der unerschöpflichen Heiterkeit.

Eine Rolle von geradezu weltliterarischem Zuschnitt wartete im Jahr 1960 auf den Komödianten. Die CCC-Film Arthur Brauners hatte beschlossen, sich an den *Braven Soldaten Schwejk* von Jaroslav Hašek heranzuwagen. Und

In den fünfziger Jahren entfaltete der Schauspieler sein darstellerisches Talent in vielen ganz unterschiedlichen Rollen. Szenen aus *Es geschah am hellichten Tag, Der Pauker, Der eiserne Gustav, Menschen im Hotel*

Regisseur Axel von Ambesser fragte bei Heinz Rühmann an, ob er für die Titelfigur zur Verfügung stünde. Rühmann war begeistert. Der Schwejk war ihm auf den Leib geschrieben. Er sagte sofort zu.

Hašeks Roman erzählt die Geschichte des rheumatischen Hundehändlers Schwejk, der in die Mühlen der Bürokratie gerät, die „Chance" erhält, ins Feld zu ziehen, und dort versucht zu überleben. Er steht die kuriosesten Schlachten und Abenteuer durch, muß sich vor Gericht als russischer Spion verantworten, bleibt jedoch, was er war und ist: ein gottergebener Naivling und schlitzohriger Untertan seiner Majestät.

Es versteht sich von selbst, daß Heinz Rühmann für diese Rolle der ideale Darsteller war. Er selbst sagte dazu: „Der Schwejk ist mir von allen Rollen, die ich im Film gespielt habe, die liebste Figur."

Denn die Aufgabe reizte ihn. Er wußte genau, wie schwer es ein Schauspieler hat, wenn er eine solche Figur spielt. Er mußte einen Mann darstellen, der als dumm gilt, aber mit bauernschlauem Instinkt, Hintersinn und der Erfahrung des fortwährend zu kurz Gekommenen meistens das Richtige sagt. Es galt also, einen „gescheiten Dummen" zu spielen – und das ist schwer.

Der Schauspieler zu Beginn der sechziger Jahre, aus einer Rollenmaske in die nächste schlüpfend. Szenenfotos aus: *Der Lügner, Max, der Taschendieb, Er kann's nicht lassen* und *Vorsicht Mr. Dodd!*

„Was war, wird neu durchs Weitergeben."

Mit der ihm eigenen Gründlichkeit ging Rühmann ans Werk. Er versuchte, sich in diesen kleinen Böhmen zu versetzen, nahm sogar Sprachunterricht und trainierte den Prager Jargon, um seinen „Bruder im Geiste", wie er den Schwejk nannte, in den Griff zu bekommen. Sein Regisseur Axel von Ambesser half ihm dabei. Gedreht wurde in Wien, wo „das Böhmische" in der Luft liegt. Prag kam – mitten im kalten Krieg – als Drehort nicht in Frage. Rühmann merkte bei den Dreharbeiten täglich stärker, wie vielschichtig seine Rollenfigur in Wirklichkeit war. Es hätte mehrerer Filme bedurft, um dieser weltliterarischen Gestalt wirklich „Herr zu werden". Je mehr er glaubte, dieser Figur näher zu kommen, desto „ferner" blickte sie gewissermaßen zurück.

Aber das Resultat konnte sich dennoch sehen lassen. Der fertige Film erhielt dreizehn europäische Preise und 1961 sogar den Golden Globe, den Preis der Auslandspresse in den USA für den besten ausländischen Film des Jahres.

Bei so vielen Ehrungen durfte Heinz Rühmann zufrieden sein. Er bedauerte nur, daß er den Schwejk, diese geliebte Rolle, nicht auf der Bühne spielen konnte.

Trotz der großen Erfolge ruhte sich der Schauspieler nicht auf seinen Lorbeeren aus. Er drehte in den nächsten Jahren Film auf Film, wie *Der Lügner* (1961), *Max, der Taschendieb* (1962), *Er kann's nicht lassen* (1962) und *Meine Tochter und ich* (1963).

In den folgenden Jahren gelangen ihm zwei Werke, die in einer Flut von Unterhaltungsprodukten auch höheren Maßstäben standhielten. Unter der Regie des bereits vertrauten Helmut Käutner entstand *Das Haus in Montevideo* (1963), ihm folgte in der Inszenierung von Kurt Hoffmann *Dr. med. Hiob Prätorius* (1965).

Beide Filme basieren auf Stücken des Autors Curt Goetz, besitzen also geschliffene Dialoge und eine gut konstruierte Handlung. Dies gefiel Heinz Rühmann besonders, hinderte ihn jedoch nicht daran, daraus kongeniale Rühmann-Filme zu machen. Zumindest sah es das Publikum so, das seinem Star auch durch den anspruchsvollen *Prätorius* folgte, in dem Rühmann mit feinem, leisen Witz und sehr zurückhaltend nach menschlichen Torheiten fahndet.

Im Jahr 1964 wagte der Schauspieler etwas, das er selbst später einen „Seitensprung nach Hollywood" genannt hat. Er erhielt von Regisseur Stanley Kramer (*Das Urteil von Nürnberg*/Judgment at Nuremberg, 1961) das Angebot, in seiner Verfilmung von *Das Narrenschiff* (Ship of Fools, 1965) die Rolle des Juden Löwenthal zu übernehmen. ◆

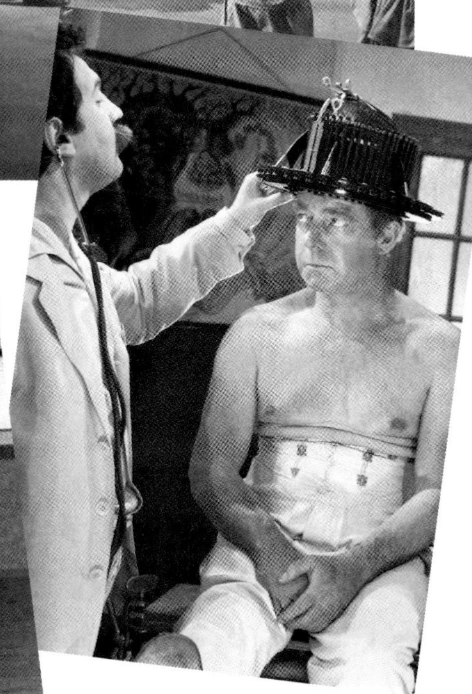

Der kleine Untertan als dummer Gescheiter oder gescheiter Dummer – Rühmanns Lieblingsfigur, der „brave Soldat Schwejk“

Mann im Mittelpunkt (*Der Jugendrichter*)

Das Narrenschiff. **Rühmann bei seinem „Seitensprung" in Hollywood mit dem von ihm hochgeschätzten kleinwüchsigen Schauspieler Michael Dunn...**

...sowie mit Lee Marvin und Vivien Leigh

Ein Schauspieler geht fremd

„Hollywood", gestand Rühmann in seinen Memoiren, „war mir unheimlich, fremd und so weit fort; ich spielte in Deutschland schöne Rollen, und ohne den Stoff zu kennen, versuchte ich ihm (Kramer, B.S.) auseinanderzusetzen, daß ich zweifelte, einen Juden glaubhaft verkörpern zu können."

Stanley Kramer lud ihn daraufhin nach Hollywood ein, wo sich der Deutsche in Ruhe umsehen und sich an die Produktionsbedingungen gewöhnen konnte. Rühmann stimmte dem Vorhaben zu, flog nach Los Angeles, wo er sich auch mit dem Drehbuchautor Abby Mann traf, der den Achthundert-Seiten-Roman von Katherine Anne Porter auf Filmlänge zu stutzen hatte. „Alles vollzog sich", erinnerte er sich später, „in direktem, menschlichem und persönlichen Kontakt. Ich machte Vertrag."

Rühmann mietete sich also in Los Angeles ein und verbrachte die nächsten drei Monate in der Traumfabrik Hollywood. Ein nicht selbstverständliches Unterfangen, wenn man bedenkt, wie stark der Schauspieler in der deutschen Kultur verwurzelt war. Rühmann und Hollywood, das schienen zwei extrem auseinanderliegende Pole auf der Weltkarte des Kinos zu sein.

Und dann die Namen der Kollegen, an deren Seite der deutsche Schauspieler spielen sollte: Vivien Leigh, Simone Signoret, José Ferrer, Lee Marvin, Oskar Werner, Elisabeth Ashley, Georg Segal, Michael Dunn ...

Rühmann schüttelte seine Anfangsnervosität schnell ab. Er erlebte die professionelle Arbeit des Teams sowie den freundlichen Umgangston und war sofort integriert. Man arbeitete entspannt, aber intensiv, manchmal bis in die späten Abendstunden. Mit seinen Kollegen kam der Deutsche blendend aus.

Da seine Rolle nicht so umfangreich war, blieb ihm sogar Zeit, ein eingeschränktes Sightseeing-Programm durchzuführen, das ihn etwas genauer mit dem Land bekannt machte, mit dem Deutschland noch zwanzig Jahre zuvor tödlich verfeindet gewesen war. Er machte – in einem 220er Daimler Kabrio, das ihm die Produktionsgesellschaft zur Verfügung gestellt hatte – auch einen Abstecher nach Disneyland, besuchte San Francisco und Las Vegas und wurde von einer Adresse zur nächsten herumgereicht. Jeder wollte ihn sehen, einladen und – sofern er Deutscher war – über die Heimat sprechen.

Alles in allem genoß Rühmann die Zeit seines Aufenthalts in den USA sehr und gewann dort viele Freunde.

Der Film *Das Narrenschiff* brachte dem Schauspieler im In- und Ausland großen Erfolg. Die Kritik lobte die „europäische Qualität", die er sowie seine Kollegen Simone Signoret und Oskar Werner in die Produktion eingebracht hatten und ohne die „das Narrenschiff, nebelumwellt, unweigerlich am Cap der schlechten Hoffnung zerschellen" würde – so sah es zumindest die SÜDDEUTSCHE ZEITUNG.

***Das Haus in Montevideo*, eine der Paraderollen Rühmanns als Traugott Nägler nach der Vorlage von Curt Goetz**

Damit war Rühmanns „Seitensprung" glücklich verlaufen, und er konnte wieder in die langjährige „Ehe" mit dem deutschen Filmschaffen zurückkehren.

Ein neues Medium, das in den USA schon einen viel größeren Stellenwert einnahm, begann den Schauspieler, der auf der Kinoleinwand schon alles gespielt hatte, zu interessieren – das Fernsehen. Seine Frau Hertha Feiler hatte ihm schon seit einiger Zeit mit der Behauptung in den Ohren gelegen, hier könne er doch die Bedingungen finden, nach denen er immer gesucht hatte! Bot das Fernsehen nicht die Möglichkeit, leise und „zur Seite" zu agieren, wie das auf der Theaterbühne niemals ging? Und ließen sich hier nicht die ernsten Rollen verwirklichen, die das an klingelnden Kassen orientierte Kino ihm nicht anbot?

Man konnte es so sehen. Und Heinz Rühmann, der sich der Kinoleinwand in „einer Art Nibelungentreue verbunden" fühlte, gewöhnte sich an, diese Sicht der Dinge zu übernehmen. Er „ging fremd", zum Glück! Denn er hat seit 1968, als er den Willy Loman in Arthur Millers *Der Tod des Handlungsreisenden* übernahm, dem deutschen Fernsehzuschauer große, unvergeßliche Abende vor dem Bildschirm geschenkt. In Rollen, die tragisch, klassisch, rührend und komisch waren, in Filmen, bei Theateraufführungen, bei Goethe-, Busch- und Ringelnatz-Lesungen sowie Auftritten in festlichen Veranstaltungen zu Ehren großer Kollegen oder würdiger Feiertage. Immer war Heinz Rühmann, von dem Hans Weigel einmal sagte: „Er ist der einzige Darsteller komischer Rollen, der nicht zum

HEINZ
RÜHMANN
RUTH
LEUWERIK

HEINZ
RÜHMANN
RUTH
LEUWERIK
Das Haus
in Montevideo

Dr. med. Hiob Prätorius

Übertreiben neigt", dabei der Ehrengast, der Star, das Zugpferd. Er adelte das TV-Unterhaltungsprogramm, das so oft in Gefahr ist, nach Einschaltquoten zu schielen und im seichten Fahrwasser zu stranden.

Im Jahr 1969 kaufte sich Rühmann ein Haus in Cap Ferrat in Südfrankreich. Hier wollte er mit seiner Frau die kalten Wintertage in Deutschland vergessen und mit zunehmendem Alter immer öfter ausspannen, lesen, schlafen, in gesunder Luft spazierengehen. Aber ein schreckliches Schicksal raubte ihm seine Frau. Hertha Feiler starb Ende 1970 an Krebs. Heinz Rühmann empfand das so, als ginge sein eigenes Leben zu Ende. Ein Leben ohne Hertha konnte er sich – nach mehr als dreißigjähriger Ehe – einfach nicht vorstellen.

Und doch, so unvorstellbar es war – der Schmerz des Hinterbliebenen nahm eines Tages ab. Es kam die Zeit neuer Engagements bei Film, Fernsehen und am Theater, es gab erneut Preisverleihungen, Premieren, Bälle, Partys, Projekte. Der Trubel des Schauspieleralltags erstickte die Trauer und die Depressionen.

Nach sieben langen Monaten der völligen Zurückgezogenheit und Trauer schüttelte Rühmann die Betäubung ab – und stand wieder vor den Fernsehkameras!

Er spielte in dieser ersten Rolle nach dem Tod seiner Frau unter der Regie von Ludwig Cremer die Hauptfigur im *Pfandleiher*, jenem großen Stück des Autors A.B. Shiffrin, das von einem skurrilen, alten, resignierten, vom Leben enttäuschten Kauz erzählt, dessen Sinne noch einmal erwachen.

Eine schöne Rolle für den immer menschenscheuer werdenden Künstler, der sich in den Drehpausen sofort zurückzog und in sein Rollenmanuskript vertiefte. Er wollte zunehmend nur noch seine Ruhe und suchte die Einsamkeit.

Auf der Bühne stand Rühmann in diesem Jahr nicht. Aber er drehte einen weiteren Film.

Der Kapitän (1971) erzählt die Geschichte des Frachterkapitäns Ebbs, der den Luxusdampfer „Julia" übernimmt. Übernommen scheint er sich damit wortwörtlich zu haben, doch nach einigen unschönen Kontroversen, Abenteuern und Affären an Bord gelingt es Ebbs, das Steuer des Luxusliners fest in den Griff zu bekommen.

Mit Seemannsbart stellte sich Rühmann in dieser für ihn ungewohnten Rolle dem Publikum vor. Er gab den Ebbs rauhbeinig, mit einem Schuß Sentiment und konnte mit dem Erfolg bei der Kritik und an der Kasse durchaus zufrieden sein.

In den folgenden Jahren spielte Rühmann in *Oh, Jonathan – oh, Jonathan!* (1973), wo er die Titelrolle übernahm, in der schon Charles Laughton geglänzt hatte; in *Der Hausmeister* von Harold Pinter, einem ZDF-Film aus dem gleichen Jahr; in *Kein Abend wie jeder andere*, einem Fernsehfilm mit Peter Ustinov; *in Gefundenes Fressen* (1977), der Geschichte eines Stadtstreichers unter der Regie von Michael Verhoeven, und in dem Film *Das chinesische Wunder* (1977), bei dem Altmeister Wolfgang Liebeneiner Regie führte.

Eine Menge Arbeit für einen Schauspieler, der in die Jahre gekommen war.

Daneben gab es viele Auftritte im Fernsehen und auf den Brettern, die die Welt bedeuten. Es schien dem Publikum überhaupt nicht so, als würde sich ihr Idol, der große kleine Mann der Nation, der verschmitzt wie immer wirkte, aber unaufhaltsam leiser wurde, langsam aus der Öffentlichkeit zurückziehen. Sah man ihn doch noch bei Matinee-Veranstaltungen und Zirkus-Galas, in Episodenfilmen des Fernsehens, als Überraschungsgast bei Quizsendungen, bei öffentlichen Ehrungen und Preisverleihungen – so 1981 in New York, als er beim 24. Internationalen Film- und TV-Festival die Silbermedaille für seine Rolle in Paddy Chayefskys *Ein Zug nach Manhattan* entgegennahm. Zudem sprach er in aufgezeichneten Interviews zu seinem Publikum. Anläßlich dieser neugierigen Befragungen durch junge Journalisten antwortete Rühmann immer wieder mit Engelsgeduld auf die stets gleichen Fragen: Wie war sein seit einem halben Jahrhundert anhaltender Ruhm zu erklären? Was würde er einem jungen Nachwuchsschauspieler raten? Wie war sein Verhältnis zum Leben – und zum Tod? Was war für den großen Darsteller das Glück des Alters? Wie würde er die Summe seines Lebens beschreiben?

Altersweisheit sprach aus den Antworten des noch nicht gebeugten, wenn auch gezeichneten Mannes. Die Summe seines Lebens: Das Glück des Alters sind die unerfüllten Wünsche!

Aber er war ja noch da! Man sollte sich nicht zu früh an den Gedanken gewöhnen, daß dieser große Schauspieler abgehen könnte. Er kam zurück. Und wie!

Schon im Jahr 1974 hatte Rühmann noch einmal geheiratet. Seine neue Lebensgefährtin war die einstige Frau des Verlegers Droemer, Hertha, die Rühmann schon 1959

„... lieber eine etwas kürzere Sendung und allgemeines Bedauern über das frühe Ende als zwei Minuten zu lang sein!"

Seit dem Jahr 1968, in dem er den Willy Loman in *DerTod des Handlungsreisenden* spielte, schätzte Rühmann das Medium Fernsehen. Hier zwei Szenenfotos aus dem Jahr 1983 (*Die schönsten Geschichten mit Heinz Rühmann,* mit Tanja Tretow und Meike Seibt, und *Es gibt noch Haselnußsträußchen*)

Hokuspokus oder Wie lasse ich meinen Mann verschwinden

Maigret und sein größter Fall

Verwandlungen eines Komödianten

Sechs Filme zwischen 1966 und 1973. In ihnen zeigte der in die Jahre gekommene, aber immer noch kreative Schauspieler noch einmal seine Wandlungsfähigkeit, seinen Charme, der inzwischen auch recht stachlig sein konnte, seinen Humor – sowie seine nie versiegende Lust an der Komik.

Mit Fernandel, dem anderen großen europäischen Filmkomiker jener Jahre, in *Geld oder Le*

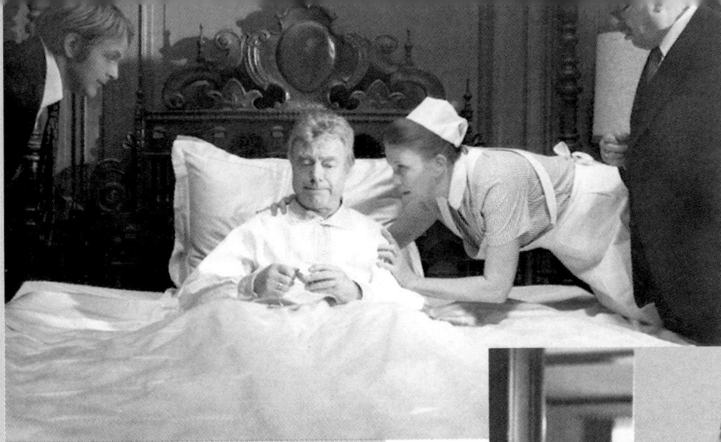

Oh, Jonathan – oh, Jonathan!

Grieche sucht Griechin

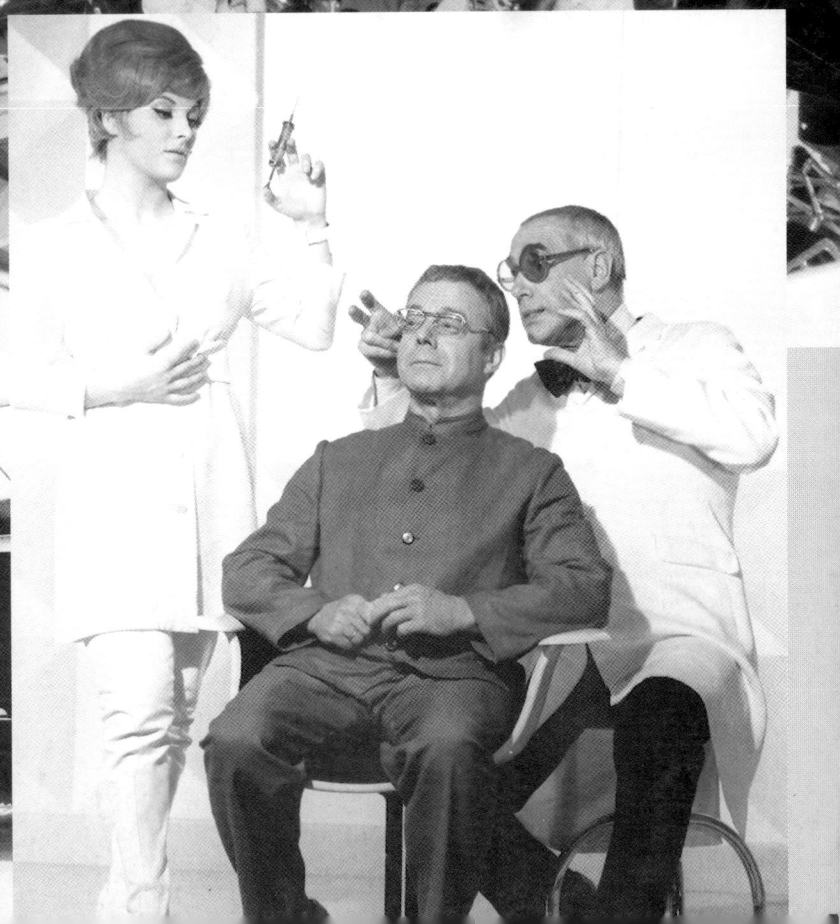

Die Ente klingelt um halb acht

„Auch die Welt um mich hat sich verändert. Heute sehe ich eine Blume anders. Ihre vollkommene Zartheit wird mir erst jetzt so recht bewußt."

„Ich habe mir vorgenommen, nicht nur jeden Tag, sondern jede Stunde zu genießen. Die Gegenwart voll auszukosten, die Erinnerung nur als Würze darüber zu streuen."

in München kennengelernt hatte. Die beiden waren seitdem freundschaftlich verbunden gewesen. Jetzt gingen der alte Komödiant und die zwanzig Jahre jüngere, kultivierte Frau noch einmal den Bund fürs Leben ein.

Die Öffentlichkeit wünschte Glück – und Gesundheit. Und um beides wollte sich der inzwischen Zweiundsiebzigjährige nach Kräften bemühen. Bis jetzt war ihm dies zufriedenstellend gelungen. Allerdings beschloß er nun, etwas kürzer zu treten. Nicht zuletzt auf Drängen seiner neuen Frau ließ der alte „Luftpirat" nach 1980 den Steuerknüppel seiner einmotorigen „Robin Remorqueur" unberührt. Ikarus war gelandet.

Seinen achtzigsten Geburtstag feierte Heinz Rühmann 1982 gewissermaßen in der Öffentlichkeit. Auf der Bühne des Münchener Nationaltheaters leitete er die Matinee „Rund um die Oper", heftig beklatscht von einem treuen Publikum. Die wagenradgroße Torte allerdings, die zur Feier des Tages aus den Soffitten einschwebte, ließ er unangetastet. Er schnitt erst zu Hause eine viel kleinere an.

Gewohnheiten waren in den letzten Lebensjahren zum kleinen Glück des Schauspielers geworden. Regelmäßig zu Weihnachten fand er sich beispielsweise in der Kirche Sankt Michaelis zu Hamburg ein. Er las dort Gedichte und Geschichten vor. Für seine Zuhörer waren das Momente höchster Bewunderung, für ihn selbst waren es Augenblicke höchster Befriedigung. ◆

Öffentliche Auftritte

Heinz Rühmann bei diversen Anlässen in der Öffentlichkeit, die das Auftreten des Schauspielers stets mit großem Medieninteresse registrierte – egal ob beim Sechstagerennen, mit Ordnungskräften, bei Preisverleihungen, mit Stars vom Film oder aus der Politik wie Bruni Löbel oder dem Ehepaar Brandt, bei Schallplattenterminen oder – spitzbübisch und spitznasig, als liebenswerter und lebensweiser Greis – bei der Eröffnung von „Berlin, Kulturstadt 1988" (mit Caterina Valente).

Die letzten Jahre

In den achtziger und neunziger Jahren beschäftigte sich Heinz Rühmann vorwiegend damit, seinen Schatz an Talenten, Erinnerungen, Freundschaften und persönlichem Besitz zu verwalten. Er zog die Quersumme seines Lebens, das fast so lang war wie unser Jahrhundert. Und so gut es in seinem methusalemischen Alter ging, trat er bei Wohltätigkeitsveranstaltungen auf, die seine aktive Hilfe brauchten.

Daneben nahm er immer wieder Preise in Empfang. Ein ums andere Mal den Bambi, den er insgesamt zwölfmal erhielt, dann Orden diverser Institute, Medaillen, Auszeichnungen, Bundesverdienstkreuze, Ehrenmünzen – und den silbernen Chaplinstock des Verbandes Deutscher Filmkritiker. Galavorstellungen beim Zirkus sahen den kleinen Mann als Clown – auch im Fernsehen spielte er diese wunderschöne Rolle mit Hütchen und weißen Handschuhen. Und 1986 las er im Stadttheater Aachen den Text, den der Komiker Vicco von Bülow alias Loriot zur Musik von Sergei Prokofjews „Peter und der Wolf" geschrieben hatte. Anschließend erfreuten Loriot und Heinz Rühmann die Zuschauer dieser Veranstaltung noch mit einem herzerfrischenden Sketch.

Nein, Heinz Rühmann war noch nicht abgetreten. Im Fernsehen sahen ihn seine Fans 1988 bei Thomas Gottschalk in „Wetten daß...?" – in dieser quirligen Show gewiß kein leichter öffentlicher Auftritt. 1989 war er bei Sabine Sauer im „Showfenster" zu Gast. Und in den Jahren 1990/91 erfreute die TV-Mattscheibe das Publikum mit einem besonderen „special": einer Fernsehserie des internationalen Satellitenprogramms mit siebenundzwanzig Lesungen des großen, alten Stars unter dem Titel „Herzlichst Heinz Rühmann". Hier konnte der Schauspieler noch einmal aus dem vollen schöpfen und seine melancholische, spitzbübische, sentimentale und auch traurige Komik mit brüchiger Stimme und sparsamer Mimik verschenken. Betrachtungen, Gedichte, kurze Prosastücke aus dem Füllhorn deutscher Dichtung – Lesekultur, die Rühmann stets wichtig war.

Im Jahr 1993 tauchte der Star sogar noch einmal in den deutschen Schlager-Hitlisten auf. Sein altes schönes Lied „Lalelu, nur der Mann im Mond schaut zu", aus dem Film *Wenn der Vater mit dem Sohne* (Musik: Heino Gaze, Text: Bruno Balz), konnte, neu gemischt, unter die Top twenty vorstoßen. Heinz Rühmann schien – und das war bewundernswert genug – noch zu vielen aufsehenerregenden Taten fähig. So bewunderten die Zuschauer von Thomas Gottschalks im österreichischen Linz aufgezeichneter Comeback-Sendung „Wetten daß...?" am 15. Januar 1994 die Rüstigkeit und Schlagfertigkeit des Stars. Viel umjubelt, trat er zwar wackelig, aber munter und liebenswert auf die Live-Bühne, verneinte die Frage, ob er gerne Bundespräsident werden würde, und meinte altersweise: „Man sollte nicht alles machen wollen, und man sollte auch nicht über alles allzu gründlich nachdenken. Leben ist wichtiger."

Nun ja, in seinem fast biblischen Alter war jeder Tag kostbar. Jeder Tag, den Gott ihm schenkte und den seine Frau Herthie ihm mit Fürsorge versüßte.

Das Jahr 1993 hatte es überhaupt noch einmal besonders gut mit dem unvergeßlichen Künstler gemeint. So konnte sein Publikum ihn noch einmal als Darsteller auf der Leinwand bewundern. In Wim Wenders' Film *In weiter Ferne, so nah,* einer Fortsetzung des Epos *Der Himmel über Berlin* von 1987, spielte der alte Star den Chauffeur Konrad. Dies war zwar keine Hauptrolle, seine Auftritte in diesem zweieinhalbstündigen Film dauern insgesamt nur zehn Minuten, aber die Figur, die Heinz Rühmann mit Brille und Mütze verkörpert, steht mit ihrer philosophischen Altersweisheit dennoch ganz im dramaturgischen Mittelpunkt des Films.

Konrad lebt von Erinnerungen. Inmitten seiner alten Autos, umgeben von Tagebuchaufzeichnungen, Filmen und Dokumenten, denkt er darüber nach, wer er ist und ob er anders hätte leben müssen. Er begegnet zwei Engeln, die ihn an seinem Lebensabend mit dem eigenen Leben versöhnen. Zunächst trifft er den Exengel Cassiel, der inzwischen Mensch geworden ist, und hält ihn für den Todesengel, der ihn endlich abholt. Dann beugt sich der schöne, mütterliche Schutzengel Raphaela über ihn und begleitet ihn auf seinen letzten Gängen.

Die Rolle des Konrad war beinahe so etwas wie Rühmanns Leinwandvermächtnis. Regisseur Wim Wenders gab dem großen, alten Star des deutschen Films Dialogsätze, die so klingen, als hielte Rühmann im Angesicht seines treuen Publikums ein Selbstgespräch über seine Rolle als Mensch und Schauspieler in vielen Jahrzehnten deutscher Zeitgeschichte.

So sagt er angesichts seiner Schutzengel, die er für Todesengel hält: „Du bist es also! Ich habe keine Angst vor dir. Wie lange kennen wir uns schon? Ich weiß nicht einmal, wie du heißt. Du kennst mein ganzes Leben! Ich erinnere mich an so wenig. Wenn man stirbt, muß man doch auch wissen, wie man gelebt hat...! *Aber einer muß mir doch sagen, ob ich richtig gelebt habe! Ich war, glaube ich, kein sehr mutiger Mann, korrekt ja, aber mutig…?“*

Eine schöne, melancholische Rolle. Und Heinz Rühmann hätte sich einen besseren Abgang von der Leinwand, einen würdevolleren Abschied von seinem Publikum nicht wünschen können.

Die letzten Jahre des Schauspielers waren überwiegend von Lesekultur und Lebenskultur geprägt. Mit seiner dritten Frau Herthie, die ihm nach dem Tod von Hertha Feiler die Kraft gegeben hatte weiterzuleben, richtete er sich einen geruhsamen, aber auch noch zukunftsorientierten Altenplatz in dem kleinen Ort Aufkirchen am Starnberger See ein. Dort gab es keine aufdringlichen Fernsehsender und Presseberichterstatter, kein neugieriges Publikum und keine Preisverleiher, dort gab es nur Ruhe, Bäume, Tiere, den See – und Herthie.

Heinz Rühmann, dieser an sich schon lakonische Darsteller auf Bühne und Leinwand, wurde immer gelassener, je älter er wurde. Da er an ein Leben nach dem Tode glaubte, bereitete er sich schon auf sein nächstes Comeback vor – so jedenfalls interpretierte seine Frau seine Ausgeglichenheit. Die nur manchmal unterbrochen wurde von einem seltsamen Eifer beim Zusammensuchen allererster Starpostkarten und früher Theaterzettel.

Der Schauspieler kannte ja sein Publikum genau – und dieses, das wußte er, hielt ihn einfach felsenfest für unsterblich. Und da das Publikum immer recht hat, fügte sich Rühmann, nahm es gelassen und wartete ab.

Das Ereignis, auf das er sich so würdevoll zubewegte, trat dann am Abend des 3. Oktober 1994 ein. Heinz Rühmann entschlief friedlich in seinem Haus in der Gemeinde Berg in Aufkirchen am Starnberger See.

Die letzten Tage davor hatte sich der Schauspieler sehr müde gefühlt. Aber er hatte keine Schmerzen gehabt. Zwar ging er den letzten Sommer seines Lebens kaum noch aus dem Haus, und Anfang September hielt ihn ein Infekt auch davon ab, zur Verleihung der Goldenen Schallplatte für „Lalelu“ zu reisen. Die Familie machte sich Sorgen um den Zweiundneunzigjährigen. Aber seine Gesundheit stabilisierte sich wieder. Tagsüber saß er im bequemen Rollstuhl auf der Terrasse, genoß die letzten Strahlen der Spätsommersonne, kraulte seinen fröhlichen Mischlingshund Anatol, las, dachte nach, machte seine gewohnten Nickerchen. Seine Frau Hertha, inzwischen auch dreiundsiebzig Jahre alt geworden, sorgte für ihn, so gut sie es vermochte. Heinz Rühmann mußte nichts vermissen. Auch sein Sohn, Professor Peter Rühmann, kümmerte sich um den Vater. Trotzdem sahen alle, auch die Freunde und Nachbarn, die ihn zu Gesicht bekamen, daß er immer weniger wurde. Peter Rühmann: „Wir hatten uns schon seit Monaten darauf eingestellt, daß er nicht mehr lange lebt.“

Im Jahr 1982 veröffentliche Rühmann (hier bei einem dpa-Interview) seine Memoiren unter dem Titel „Das war's“. Aber das war's noch lange nicht, mehr als ein Jahrzehnt lang war der Schauspieler danach noch aktiv und führte ein Leben voller Kreativität

„Auch ich bin im Alter stiller geworden. Stiller, aber nicht einsam!“

In der Hamburger Kirche Sankt Michaelis las Rühmann regelmäßig Geschichten und Gedichte – eine liebe Gewohnheit. Hier sein vom Fernsehen übertragener und von Kerzenlicht bestrahlter Auftritt am Heiligabend 1984

Am Montag abend gegen 20.30 Uhr trat dann das befürchtete Ereignis ein. Heinz Rühmann, dessen letzter, oft geäußerter Wunsch war: „Es soll alles so bleiben, wie es ist“, legte sich zum Schlafen nieder. Nein, es bleibt nicht so, wie es ist. Er ist unendlich müde. Seine Frau und sein Sohn sind anwesend. Der Sohn: „In der Minute seines Todes wollte er noch etwas sagen – konnte aber nicht mehr. Er war einfach zu schwach.“ Seine Frau organisiert schnell eine protestantische Aussegnung. Die Familie nimmt von Rühmann Abschied. Er entschläft still und sanft. Gegen einundzwanzig Uhr ist der große Schauspieler tot. Seine Frau hält seine Hand.

Erst am nächsten Abend wird Heinz Rühmann im Sarg aus seinem tannenumstandenen weißen Bungalow nach draußen getragen, still und leise haben seine Angehörigen um ihn getrauert. Jetzt ist der Abschied vollzogen. Der große Schauspieler, der kleine Held, der zum Helden des kleinen Mannes wurde, gehört nun wieder der Öffentlichkeit, der er so viel gegeben hat und der er auch viel verdankt.

Diese Öffentlichkeit ist bestürzt. Alle kennen den zu Lebzeiten stets freundlichen und bescheidenen Mann – und viele äußern sich nach seinem Tod über ihn. Edmund Stoiber: „Hinter dem Lachen, das er auslöste, verbarg sich oft auch ein Stück schmerzliche, aber weise Einsicht in die Endlichkeit des irdischen Daseins.“ Rudolf Scharping: „Der große melancholische Komödiant wird uns allen fehlen.“ Thomas Gottschalk: „Er wurde gehört, ohne laut zu sein, er wurde geachtet, ohne sich wichtig machen zu müssen.“ Jeder erinnert sich voller Respekt und Liebe an Heinz Rühmann.

Und nachdem die Feierlichkeiten um seine Grablegung beendet waren, die Reden gehalten, die Tränen geweint waren, sah man: Nein, ein Heinz Rühmann ist wirklich unsterblich. Und das liegt nicht zuletzt daran, daß wir ihn immer wieder sehen können, in jedem Alter, eingefroren auf jeder Stufe des Lebens, in jeder Rolle, die wir als Publikum besonders schätzen. Das Wunder Film, die Konserve Zelluloid, macht es möglich.

Der Schauspieler ist unsterblich: Zuviel ist geschehen, die Zeit war sehr lang, unglaublich viel Arbeit und kreative Leistung liegt vor den Augen des Publikums. Heinz Rühmann ist in unseren Köpfen. Dort bleibt er. Auf ewig ein authentischer Zeitzeuge dieses Jahrhunderts. Ein Jahrhundertschauspieler. Und ein Charakterkopf, Querkopf, Dickkopf, Kopf, den wir nie mehr missen möchten. Kleiner Mann, ganz groß.

Eine bewegende Szene aus Heinz Rühmanns letztem Film: *In weiter Ferne, so nah,* einem Film, in dem Leben und Arbeit des Stars zu einem bewegenden Schlußakkord verschmolzen: Der weibliche Schutzengel Raphaela, gespielt von Nastassja Kinski, führt die Hand des alten Konrad bei dessen Tagebuchnotizen. Die letzte Eintragung lautet: „Du bist einer, der gefunden wurde." Ein Satz, der auch auf Heinz Rühmann gemünzt sein könnte und der seinem Publikum aus dem Herzen spricht. Sein Publikum hat ihn gefunden, angenommen und zeitlebens verehrt.

Filme

ERKLÄRUNG DER ABKÜRZUNGEN

R: Regie
D: Darsteller
H.R.: Heinz Rühmann
Jahreszahl: Jahr der Uraufführung

1926

Das deutsche Mutterherz. R: Geza von Bolvary-Zahn. D: Margarete Kupfer, Ellen Kürti, Vera Veronina, Helene von Bolvary, H.R. (ungeratener Sohn).

1927

Das Mädchen mit den fünf Nullen/ Das große Los. R: Kurt Bernhardt. D: Elza Temary, Marcell Salzer, Adele Sandrock, Veit Harlan, H.R. (Provinzjüngling).

1930

Die Drei von der Tankstelle. R: Wilhelm Thiele. D: Lilian Harvey, Willy Fritsch, Oskar Karlweis, H.R. (Hans).

Einbrecher. R: Hanns Schwarz. D: Lilian Harvey, Willy Fritsch, Ralph A. Roberts, Margarethe Koeppke, H.R. (Sérigny).

1931

Der Mann, der seinen Mörder sucht. R: Robert Siodmak. D: H.R. (Hans Herfort), Lien Deyers, Raimund Janitschek, Hans Leibelt, Friedrich Hollaender.

Bomben auf Monte Carlo. R: Hanns Schwarz. D: Hans Albers, Anna Sten, H.R. (Peter), Ida Wüst.

Meine Frau, die Hochstaplerin. R: Kurt Gerron. D: Käthe von Nagy, H.R. (Peter Bergmann), Fritz Grünbaum, Hermann Vallentin.

Der brave Sünder. R: Fritz Kortner. D: Max Pallenberg, Dolly Haas, H.R. (Wittek), Josefine Dora, Fritz Grünbaum.

1932

Der Stolz der 3. Kompagnie. R: Fred Sauer. D: H.R. (Musketier Diestelbeck), Adolf Wohlbrück, Eugen Burg, Ferdinand von Alten, Victor de Kowa, Fritz Kampers.

Man braucht kein Geld /Der Onkel aus Amerika. R: Carl Boese. D: Hans Moser, H.R. (Bankangestellter Schmidt), Hans Junkermann, Ida Wüst, Hedy Kiesler (später Hedy Lamarr), Kurt Gerron.

Es wird schon wieder besser. R: Kurt Gerron. D: H.R. (Fred Holmer), Paul Otto, Dolly Haas, Fritz Grünbaum, Oskar Sima.

Strich durch die Rechnung. R: Alfred Zeisler. D: H.R. (Willy Streblow), Margarete Kupfer, Hermann Speelmans, Jakob Tiedtke, Tony van Eyck.

1933

Ich und die Kaiserin. R: Friedrich Hollaender. D: Conrad Veidt, Mady Christians, Lilian Harvey, H.R. (Didier), Friedel Schuster, Hubert von Meyerinck.

Lachende Erben. R: Max Ophüls. D: Max Adalbert, H.R. (Peter Frank), Ida Wüst, Walter Janssen, Lien Deyers, Lizzi Waldmüller.

Heimkehr ins Glück. R: Carl Boese. D: Paul Hörbiger, Erika Falgar, Ludwig Stössel, Luise Ullrich, H.R. (Amadori).

Es gibt nur eine Liebe. R: Johannes Meyer. D: H.R. (Eddy Blattner), Louis Graveure, Ralph A. Roberts, Jenny Jugo.

Drei blaue Jungs, ein blondes Mädel. R: Carl Boese. D: H.R. (Heini Jäger), Charlotte Ander, Friedrich Benfer, Fritz Kampers.

1934

Die Finanzen des Großherzogs. R: Gustaf Gründgens. D: Victor de Kowa, Hilde Weissner, Paul Henckels, H.R. (Pelotard), Maria Loja, Hans Stiebner.

So ein Flegel. R: Robert A. Stemmle. D: H.R. (Hans Pfeiffer/ Erich Pfeiffer), Ellen Frank, Inge Konradi, Maria Seidler.

Pipin der Kurze. R: Carl Heinz Wolff. D: H.R. (Pipin), Charlott Serda, Paul Heidemann, Hans Junkermann, Hilde Hildebrand.

Ein Walzer für dich. R: Georg Zoch. D: Louis Graveure, Camilla Horn, H.R. (Benjamin Cortes), Maria Sazarina, Adele Sandrock, Theo Lingen.

Heinz im Mond. R: Robert A. Stemmle. D: H.R. (Aristides Nessel), Rudolf Platte, Annemarie Sörensen, Oskar Sima, Erika Glässner.

Frasquita. R: Carl Lamac. D: Jarmila Novotna, Hans Heinz Bollmann, H.R. (Hippolyt), Hans Moser.

1935

Der Himmel auf Erden. R: E. W. Emo. D: Hermann Thimig, Lizzi Holzschuh, Hans Moser, Adele Sandrock, H.R. (Peter Hilpert).

Wer wagt – gewinnt!/ Bezauberndes Fräulein. R: Walter Janssen. D: H.R. (Paul Normann), Lizzi Holzschuh, Carl Günther, Annemarie Sörensen.

Eva. R: Johannes Riemann. D: Adele Sandrock, Hans Söhnker, H.R. (Willibald Riegele), Magda Schneider, Ferdinand Maierhofer, Hans Moser.

Der Außenseiter. R: Hans Deppe. D: H.R. (Peter Bang), Ernst Dumcke, Gina Falckenberg, Karel Stepanek.

1936

Ungeküßt soll man nicht schlafen geh'n/ Liebe, Küsse, Hindernisse. R: E. W. Emo. D: Liane Haid, Theo Lingen, Hans Moser, Annie Rosar, Susi Lanner, H.R. (Franz Angerer).

Allotria. R: Willi Forst. D: Renate Müller, Jenny Jugo, Adolf Wohlbrück, Hilde Hildebrand, H.R. (David).

Wenn wir alle Engel wären. R: Carl Froelich. D: H.R. (Christian Kempenich), Leny Marenbach, Lotte Rausch, Elsa Dalands, Harald Paulsen.

Lumpacivagabundus. R: Geza von Bolvary. D: Paul Hörbiger, H.R. (Wenzel Zwirn), Hans Holt, Hilde Krahl, Alice Brandt.

1937

Der Mann, von dem man spricht. R: E. W. Emo. D: H.R. (Toni Mathis), Theo Lingen, Hans Moser, Heinz Salfner, Gusti Huber.

Der Mann, der Sherlock Holmes war. R: Karl Hartl. D: Hans Albers, H.R. (Dr. Watson), Marieluise Claudius, Hansi Knoteck, Hilde Weissner, Siegfried Schürenberg.

Der Mustergatte. R: Wolfgang Liebeneiner. D: H.R. (William Bartlett), Leny Marenbach, Hans Söhnker, Heli Finkenzeller, Werner Fuetterer.

1938

Die Umwege des schönen Karl. R: Carl Froelich. D: H.R. (Karl Kramer), Paul Westermeier, Ernst Legal, Leo Peukert, Hugo Froelich, Margarete Kupfer.

Fünf Millionen suchen einen Erben. R: Carl Boese. D: H.R. (Peter Pitt/ Patrick Pitt), Leny Marenbach, Vera von Langen, Oskar Sima, Heinz Salfner, Albert Florath.

Dreizehn Stühle. R: E. W. Emo. D: H.R. (Felix Rabe), Hans Moser, Annie Rosar, Inge List, Hedwig Bleibtreu.

Nanu, Sie kennen Korff noch nicht? R: Fritz Holl. D: H.R. (Niels Korff), Viktor Janson, Franz Schafheitlin, Fritz Rasp, Karl Meixner, Agnes Straub.

Lauter Lügen. R: Heinz Rühmann. D: Albert Matterstock, Hertha Feiler, Fita Benkhoff, Hilde Weissner, Charlotte Witthauer.

1939

Der Florentiner Hut. R: Wolfgang Liebeneiner. D: H.R. (Fadinard), Herti Kirchner, Christl Mardayn, Paul Henckels, Viktor Janson.

Paradies der Junggesellen. R: Kurt Hoffmann. D: H.R. (Hugo Bartels), Josef Sieber, Hans Brausewetter, Gerda Maria Terno.

Hurra, ich bin Papa! R: Kurt Hoffmann. D: H.R. (Peter Olsen), Albert Florath, Walter Schuller, Carola Höhn, Ursula Grabley.

1940

Lauter Liebe. R: Heinz Rühmann. D: Hertha Feiler, Rolf Weih, Hansi Arnstaed, Hans Leibelt, Oskar Limburg, Albert Florath.

Kleider machen Leute. R: Helmut Käutner. D: H.R. (Wenzel), Hertha Feiler, Hans Sternberg, Fritz Odemar, Hilde Sessak.

Wunschkonzert. R: Eduard von Borsody. D: Ilse Werner, Carl Raddatz, Heinz Goedecke, Joachim Brennecke, Ida Wüst. Im Wunschkonzert als sie selbst: H.R., Paul Hörbiger, Marika Rökk, Josef Sieber, Hans Brausewetter.

1941

Hauptsache glücklich. R: Theo Lingen. D: H.R. (Axel Roth), Hertha Feiler, Ida Wüst, Hans Leibelt, Jane Tilden.

Der Gasmann. R: Carl Froelich. D: H.R. (Knittel), Anny Ondra, Will Dohm, Erika Helmke, Franz Weber, Kurt Vespermann.

Quax, der Bruchpilot. R: Kurt Hoffmann. D: H.R. (Otto Groschenbügel), Lothar Firmans, Karin Himboldt, Harry Liedtke, Hilde Sessak.

1943

Sophienlund. R: Heinz Rühmann. D: Harry Liedtke, Käthe Haack, Hannelore Schroth, Fritz Wagner.

Ich vertraue dir meine Frau an. R: Kurt Hoffmann. D: H.R. (Peter Trost), Lil Adina, Werner Fuetterer, Else von Möllendorff.

1944

Die Feuerzangenbowle. R: Helmut Weiß. D: H.R. (Johannes Pfeiffer), Karin Himboldt, Hilde Sessak, Erich Ponto, Paul Henckels.

Der Engel mit dem Saitenspiel. R: Heinz Rühmann. D: Hertha Feiler, Hans Söhnker, Hans Nielsen, Susanne von Almassy, Lina Carstens.

1945

Sag die Wahrheit (nicht fertiggestellt). R: Helmut Weiß. D: H.R. (Peter), Hertha Feiler, Susanne von Almassy, Aribert Wäscher, Eva Maria Meineke, Hans Brausewetter.

1948

Der Herr vom anderen Stern. R: Heinz Hilpert. D: H.R. (Herr vom anderen Stern), Anneliese Römer, Hilde Hildebrand, Hans Cossy.

Heinz Rühmann bei Dreharbeiten im Studio oder auf dem Set

Filme

Die kupferne Hochzeit. R: Heinz Rühmann. D: Hertha Feiler, Peter Pasetti, Sybille von Gymnich, Hans Nielsen.

1949

Das Geheimnis der roten Katze. R: Helmut Weiß. D: H.R. (André), Gustav Knuth, Angelika Hauff, Trude Hesterberg, Jakob Tiedtke.

Ich mach' dich glücklich. R: Alexander von Szlatinay. D: H.R. (Peter), Hertha Feiler, Karl Schönböck, Dorit Kreysler.

1952

Das kann jedem passieren. R: Paul Verhoeven. D: H.R. (Brinkmeyer), Gisela Schmidting, Gustav Knuth, Alice Treff.

Schäm dich, Brigitte/ Wir werden das Kind schon schaukeln. R: E. W. Emo. D: H.R. (Dr. Schneider) Theo Lingen, Hilde Berndt, Brigitte Ratz, Annie Rosar.

1953

Quax in Afrika (gedreht 1945). R: Helmut Weiß. D: H.R. (Quax), Hertha Feiler, Karin Himboldt, Bruni Löbel, Lothar Firmans.

Keine Angst vor großen Tieren. R: Ulrich Erfurth. D: H.R. (Emil Keller), Ingeborg Körner, Gustav Knuth, Maria Paudler, Werner Fuetterer.

Briefträger Müller. R: John Reinhardt, Heinz Rühmann. D: H.R. (Titus Müller), Heli Finkenzeller, Gisela Mayen, Wolfgang Condrus.

1954

Auf der Reeperbahn nachts um halb eins. R: Wolfgang Liebeneiner. D: Hans Albers, H.R. (Pitter Breuer), Fita Benkhoff, Helga Franck, Gustav Knuth.

1955

Zwischenlandung in Paris/ Escale à Orly. R: Jean Dréville. D: Dany Robin, Dieter Borsche, H.R. (Petit), Heinz Nielsen.

Wenn der Vater mit dem Sohne. R: Hans Quest. D: H.R. (Teddy Lemke), Oliver Grimm, Waltraud Haas, Robert Freytag, Sybil Werden.

1956

Charleys Tante. R: Hans Quest. D: H.R. (Otto Dernburg), Hertha Feiler, Claus Biederstaedt, Walter Giller, Hans Olden.

Der Hauptmann von Köpenick. R: Helmut Käutner. D: H.R. (Wilhelm Voigt), Hannelore Schroth, Martin Held, Erich Schellow.

Schneider Wibbel/ Das Sonntagskind. R: Kurt Meisel. D: H.R. (Anton Wibbel), Hannelore Bollmann, Werner Peters, Günther Lüders, Walter Giller.

1957

Vater sein dagegen sehr. R: Kurt Meisel. D: H.R. (Lutz Ventura), Marianne Koch, Hans Leibelt, Paul Esser.

1958

Es geschah am hellichten Tag. R: Ladislao Vajda. D: H.R. (Matthäi), Michel Simon, Ewald Balser, Gert Fröbe, Berta Drews, Siegfried Lowitz.

Der Mann, der nicht nein sagen konnte/ Manden, der ikke ku' sige nej. R: Kurt Früh. D: H.R. (Thomas Träumer), Hannelore Schroth, Siegfried Lowitz, Ursula Heyer.

Der Pauker. R: Axel von Ambesser. D: H.R. (Hermann Seidel), Wera Frydtberg, Gert Fröbe, Peter Krauss.

Der eiserne Gustav. R: Georg Hurdalek. D: H.R. (Gustav Hartmann), Lucie Mannheim, Ernst Schröder, Karin Baal, Ingrid van Bergen, Ruth Nimbach.

1959

Menschen im Hotel. R: Gottfried Reinhardt. D: Michèle Morgan, Otto Wilhelm Fischer, H.R. (Kringelein), Gert Fröbe, Sonja Ziemann.

Ein Mann geht durch die Wand. R: Ladislao Vajda. D: H.R. (Buchsbaum), Nicole Courcel, Anita von Ow, Rudolf Rhomberg, Rudolf Vogel.

1960

Der Jugendrichter. R: Paul Verhoeven. D: H.R. (Ferdinand Bluhme), Lola Müthel, Karin Baal, Hans Nielsen, Michael Verhoeven.

Mein Schulfreund/ Der Schulfreund. R: Robert Siodmak. D: H.R. (Ludwig Fuchs), Hertha Feiler, Loni von Friedl, Fritz Wepper, Dieter Cartini.

Der brave Soldat Schwejk. R: Axel von Ambesser. D: H.R. (Schwejk), Ernst Stankovski, Ursula von Borsody, Senta Berger, Erika von Thellmann.

Das schwarze Schaf. R: Helmut Ashley. D: H.R. (Pater Brown), Karl Schönböck, Maria Sebaldt, Siegfried Lowitz, Lina Carstens, Fritz Rasp.

1961

Der Lügner. R: Ladislao Vajda. D: H.R. (Sebastian Schumann), Julia Follina, Annemarie Düringer, Blandine Ebinger, Gustav Knuth, Werner Hinz, Joseph Offenbach.

1962

Max, der Taschendieb. R: Imo Moszkowicz. D: H.R. (Max), Elfie Pertramer, Arno Assmann, Hans Clarin, Hans Heßling.

Er kann's nicht lassen. R: Axel von Ambesser. D: H.R. (Pater Brown), Grit Böttcher, Rudolf Forster, Ruth-Maria Kubitschek, Siegfried Wischnewski.

1963

Meine Tochter und ich. R: Thomas Engel. D: H.R. (Stegemann), Gertraud Jesserer, Eckart Dux, Gustav Knuth.

Das Haus in Montevideo. R: Helmut Käutner. D: H.R. (Traugott Nägler), Ruth Leuwerik, Paul Dahlke, Ilse Pagé, Michael Verhoeven.

1964

Vorsicht, Mr. Dodd! R: Günter Gräwert. D: H.R. (Mr. Dodd/Marmion), Maria Sebaldt, Robert Graf.

1965

Dr. med. Hiob Prätorius. R: Kurt Hoffmann. D: H.R. (Prätorius), Liselotte Pulver, Fritz Tillmann, Fritz Rasp.

Das Narrenschiff/ Ship of Fools. R: Stanley Kramer. D: Vivien Leigh, Simone Signoret, José Ferrer, Lee Marvin, Oskar Werner, Elisabeth Ashley, Georg Segal, Michael Dunn, H.R. (Löwenthal).

Das Liebeskarussell. Episode *Dorothea.* R: Alfred Weidenmann. D: H.R. (Hellberg), Johanna von Koczian, Richard Münch, Hans Leibelt, Hans W. Hamacher, Bum Krüger.

1966

Hokuspokus oder Wie lasse ich meinen Mann verschwinden. R: Kurt Hoffmann. D: H.R. (Peer Bille), Liselotte Pulver, Richard Münch, Fritz Tillmann.

Geld oder Leben/ La bourse et la vie. R: Jean-Pierre Mocky. D: Fernandel, H.R. (Schmidt), Jean Poiret.

Grieche sucht Griechin. R: Rolf Thiele. D: H.R. (Archilochos), Irina Demick, Hannes Messemer, Hanne Wieder, Charles Regnier.

Maigret und sein größter Fall. R: Alfred Weidenmann. D: H.R. (Maigret), Françoise Prévost, Günther Stoll, Günther Strack, Gerd Vespermann.

1968

Die Abenteuer des Kardinal Braun. R: Lucio Fulci. D: H.R. (Kardinal Braun), Uta Levka, Jean-Claude Brialy, Wolfgang Kieling.

Die Ente klingelt um halb acht. R: Rolf Thiele. D: H.R. (Alexander), Hertha Feiler, Graziella Granata, Charles Regnier.

1971

Der Kapitän. R: Kurt Hoffmann. D: H.R. (Ebbs), Johanna Matz, Terry Torday, Horst Tappert.

1973

Oh, Jonathan – oh, Jonathan! R: Franz Peter Wirth. D: H.R. (Jonathan Reynold), Peter Fricke, Franziska Oehme, Paul Dahlke.

1977

Das chinesische Wunder. R: Wolfgang Liebeneiner. D: Senta Berger, H.R. (Poliakoff), Harald Leipnitz, Christian Kohlund.

Gefundenes Fressen. R: Michael Verhoeven. D: H.R. (Alfred Eisenhardt), Mario Adorf, Elisabeth Volkmann, René Deltgen, Karin Baal.

1993

In weiter Ferne, so nah / Fare-away, so close. R: Wim Wenders. D: H.R. (Conrad), Otto Sander, Peter Falk, Nastassia Kinski, Horst Buchholz, Bruno Ganz.

„Lächeln ist das Kleingeld des Glücks."